日本のファシズム

昭和戦争期の国家体制をめぐって

大藪龍介［著］

社会評論社

まえがき

本書は、第二次世界大戦をナチス・ドイツ、ファシスト・イタリアと同盟して戦った日本の昭和戦中期の政治・国家体制について考察する。

本書執筆の経緯に触れる。

筆者（大藪）は、マルクス『資本論』に相当する国家論の創造的建設を最大の課題として政治理論研究に取り組んできた。『国家とは何か　議会制民主主義国家本質論綱要』（２０１３年）を公刊して長年の念願に一応の区切りがつき、さて次はどうするか思案していた。

ただ、１０年ほど前に明治維新や明治国家をめぐる研究に取り組んだ行きがかりもあって日本のファシズムに関する諸論著に目を通してみると、マルクス主義史学やその周辺の研究者達が昭和戦中期のファシズムをめぐって積み重ねてきた諸論著には欠陥が目立ち、根本的な疑問や批判を抱かざるをえなかった。非あるいは反マルクス主義的な研究書に目を転じると、ここでも疑問や批判は避けられなかった。

研究史を辿るなかで接した丸山眞男の日本ファシズム分析は、４分の３世紀も前の小論にもかかわらず、最も的確であり学びとるべき示唆が多かった。それでも修正と補強を要する論点は少なくないと思われた。

最近年は、嘗てのようなファシズム論をめぐっての熱気は消え失せているし、見るべき研究も乏しい。ソ連の崩壊、マルクス主義の凋落の余波を少なからずうけ、一昔前まで有力であったマルクス主義のファシズム論は通用しなくなり、近現代日本史研究、なかでも政治史研究においては、多角的な歴史像の競合のなかで新規開拓を手探りする過渡的な流動状況が続いていると言えよう。

昭和戦中期の日本の政治・国家体制については、ファシズムと性格規定する説が依然として通説的位置を占めている。だが、理論的には旧来の難点を抱えたままである。権威主義体制とする説が新たに見られるけれども、本格的な検討にいたっていない。現在の研究は、確かなる実証と論証を求めて揺らいでいる状態であろう。

このような次第で、昭和戦中の政治・国家とその体制をどのように捉えるべきか、新たな角度からの日本ファシズム研究を提出して一石を投じることにした。

本書での研究において解明を心掛けた特徴的な諸論点は、主に以下のとおりである。
一、従来、北一輝らの急進主義的な民間ファシズムの研究と軍部ファシズムあるいは天皇制ファシズムの研究とは別個に進められてきたが、これら二層から成る日本ファシズムの全体構造を扱い、双方の断層、断裂を明らかにする。

一、これまでは国家総力戦・総動員体制建設との関連での研究が手薄であった。なによりも第一次大戦後に軍部が最大課題として推進した国家総力戦・総動員体制構築の転轍としてファシズム化、ファシズム体制化の進展を追跡する。

一、国家主義化とファシズム化を二重写ししてきた旧来の定説を批判し、明治以来の伝統的な国家主義の強化を超えでたファシズム化を識別する指標を明確にする。具体的には、第二次近衛内閣時の内治での国家総動員法制定による超国家主義化、外政での「東亜新秩序」建設による中国・アジア侵攻ナショナリズムのウルトラ化をもって、ファシズムへの転化の標識とする。満州事変を機とする軍部のファシズム化という、すっかり定着している通念に反して、2・26クーデター失敗により民間の急進主義的ファシズム運動が壊滅状態となった後、陸軍の推進する合法的漸進的な「上から」の「革新」が軍部ファシズムとして現出するまでに、幾許かの歳月があったのだった。

一、ナチス・ドイツ、ファシスト・イタリアの興隆による帝国主義世界の再編成の国際的動乱と第二次世界大戦に応対するなかで、陸軍は、「新体制」運動を進める近衛文麿首相を担ぎ、東条英機内閣を実現して、ファシズムの支配体制の形成にいたる。このファシズム体制の建設は、全体主義化として進展し、「新政治体制」は「理想的な全体主義国家」を公称した。日本ファシズム（体制）を、優れて日本的全体主義（体制）の問題として明らかにする。

一、先行の秀逸な研究の発展的継承を図る。丸山眞男の研究について、内政における「超国家主義」と外政におけるウルトラ・ナショナリズムという日本ファシズムの全体構造に関する所論を吸収する一方、日本ファシズム運動の時期区分に含まれる誤りを正す。山口定のファシズム論に関し、「疑似革命と権威主義的反動の同盟」論の日本への適用をめぐって、混乱を批判し、代替テーゼを提出する。

一、J・リンスの権威主義体制論に注目し、昭和戦中体制はファシズム体制か、権威主義体制かについての比較検討を織りこむ。

史学史的に、丸山眞男の所論の批判的な継承を軸にしながら、対立し並行する諸潮流によって蓄積されてきた研究に所在する限界の突破に努め、今日までに達成された諸々の論考の所産を新たな視角から総合することを志向した。

21世紀にファシズムは再来するか、この論議のためにも、20世紀の世界戦争とファシズムの時代の厳酷な経験についての考察の一層の深化が欠かせない。今後に備えるためにも、ファシズムに関する厳密な考究が求められる。

学生時代にニューレフトとして出立して以来の何物も懼れない批判精神は、老いてもなお旺盛だとしても、なにぶんにも日本ファシズム研究のアマチュアである。しかも、ロシア革命100年記念、およびグラムシ没後80周年記念の論文執筆と重なりあったので、5年にも満たない限られた期日での勉強にすぎない。目を通すことのできた関連文献も制限されている。

諸論題に関する研究の不足、とりわけ実証的分析の欠落は、十二分に自覚している。

これまでの日本ファシズムをめぐる研究にたいする本書での論判に、新しい理論の形成にいささかでも資する提議が含まれていれば幸いである。とりわけ日本近現代（政治）史の専門的研究者の批判を切望する。

研究文献は、まったく持ちあわせていなかったので、ほとんどすべてを福岡市立図書館、福岡県立図書館から借用し、他に国立国会図書館デジタルコレクションを利用した。

本書の基になったのは、「日本ファシズム論をめぐって」と題して、『季報唯物論研究』第131号、2015年5月から第139号、2017年5月まで非連続で5回発表して中断状態になった論文である。生煮えの原稿を寛容に掲載していただいた編集長田畑稔さんに感謝する。本書としてまとめるにあたって、大幅に修正し加筆した。

専門書離れが進む厳しい出版環境にあって本書の刊行を引き受けていただいた社会評論社松田健二社長に、お礼を申し上げる。

2020年3月30日

大藪龍介

日本のファシズム　――昭和戦争期の国家体制をめぐって――　目次

第1章　日本ファシズム研究の諸潮流

序

日本ファシズムについての研究は、1970年代後半に新規の開発的な論作が踵を接して発表され活況を呈するとともに、大きく転回した。

その第一は、戦後歴史学を主導した講座派系マルクス主義史学の天皇制絶対主義のファシズム的機能という「天皇制ファシズム」論の修正による明治維新以降ブルジョア化していた国家のファシズム化という「日本ファシズム」論への転換である。代表作として、安部博純『日本ファシズム研究序説』（未来社、1975年）、古屋哲夫「日本ファシズム論」（『日本歴史 20』岩波書店、1976年、所収）、木坂順一郎「日本ファシズム国家論」（『体系・日本現代史（3）』日本評論社、1979年、所収）などが挙げられる。

第二に、伊藤隆「昭和政治史研究の一視角」（『思想』1976年6月号）は、昭和戦前国家のファシズム的性格を当然視してかかるマルクス主義史学の研究を批判するとともに、ファシズムという用語から離れ、第一次大戦後生まれた諸々の「革新派」の運動として昭和戦前政治史を分析することを提起した。

第三は、ドイツ・ナチズムや現代ファシズム論の周到な研究に基づいてファシズムとは何かを理論的に明らかにしつつ、日本を含めてのファシズムの国際的な比較考察をおこない、それらを集成してファシズム研究の新たな地平を開拓した山口定『ファシズム』（有斐閣、1979年）の公刊である。

その他に、早稲田大学社会科学研究所編『日本のファシズム』全3巻（1974〜78年）、江口圭一編・解説『歴史科学体系「日本ファシズム」論』（校倉書房、1977年）、東京大学社会科学研究所『ファシズム期の国家と社会』全8巻（東京大学出版会、1978〜80年）、河原宏他『日本のファシズム』（有斐閣、1979年）などの刊行が相次ぎ、日本ファシズムに関する研究を多様化し豊富化して研究水準を押し上げた。

この間、戦時期の史料の公開や発掘作業が進んだことも研究の発展を基礎づけた。

だが、「日本ファシズム」論と「革新派」論との論争は噛み合うことなく終わったし、爾後、上記の諸理論に伍するほどの研究は出現しなかった。

しかも、その後生起したソ連の体制的倒壊、マルクス主義の凋落という歴史的現実の大変動の影響を蒙り、マルクス主義史学にリードされてきた戦後歴史学研究の根本的な見直しは不可避的であった。

日本のファシズムをめぐっては、研究視角の多様化、個別実証的な細密な研究の進展の反面、基本的視座や全体像にかかわる論議は、従前の諸理論のいずれかへの寄りかかり傾向が強く、影が薄い。研究者の世代交代とも重なり、多様な視点から、新たな構築を探る理論的作業が積み重ねられている現状であろう。[1]

第1節　マルクス主義史学の「日本ファシズム」論

新ファシズム論の特徴的傾向

１９７０年代後半以降の講座派系マルクス主義史学の研究は、総じて「日本ファシズム」論として展開されるようになった。

新ファシズム論の出現は、マルク主義史学においてほぼ半世紀間定説として罷り通ってきた天皇制絶対主義論からの脱却に対応している。日本資本主義の驚異的な高度成長と世界有数の豊かな社会の実現、対照的にソ連「社会主義」の衰退に象徴される国内外の大きな歴史的変動に当面するなかで、戦後マルクス主義にあって支配的な潮流をかたちづくってきた日本共産党や講座派（系）の理論のイデオロギー的性格はますますあらわとなり、「３２年テーゼ」以来の天皇制絶対主義論の定説守護はもはや不可能であった。戦後通説として定着していた「天皇制ファシズム」論の「日本ファシズム」論への転換も、従来のマルクス主義（＝スターリン主義）史学からの脱却の一環にほかならなかった。

安部博純『日本ファシズム研究序説』は、このファシズム論の転換の先陣を切る役割を果たした。その功績は、後続した前記古屋論文、木坂論文も認めている。なお、安部が天皇制絶対主義のファシズム的機能論を斥けて立憲君主制のファシズム体制化を提起した論文「日本ファシズム研究の課題と前提」は、上掲書に第4章として収められているが、最初九州地方の研究誌に発表されたのは1965年であった。

戦後「天皇制ファシズム」の語を最初に用いた守屋典郎「天皇制の意義と基盤」（1949年）によると、「天皇制が絶対主義天皇制でありながら、……資本主義の全般的危機がはげしくなり独占資本主義の土台がぐらついてくると、絶対主義の機構は帝国主義のファシズム的な役割をえんじてきた」[2]。かかる「天皇制絶対主義のファシズム的機能」論は、「新講座」たる岩波『日本資本主義講座』第1巻（1953年）「太平洋戦争と日本帝国主義の崩壊」および第9巻（1954年）の「軍国主義の復活と天皇制」の「I　戦前の天皇制」などで講座派系の定説となり歴史学会を支配していった。

70年代にいたっても、『日本歴史　4』（岩波書店、1975年）の大石嘉一郎「近代史序説」は、近代天皇制は「絶対主義的国家権力として登場しながら」「1930年代以降においては、ファシズムの役割を果たし」た（6頁）と復唱した。講座派系の精鋭が刊行した『大系日本国家史4』（東京大学出版会、1975年）の中村政則「近代天皇制国家論」は、日本のファシズム化を否定した「３２年テーゼ」、その天皇制絶対主義論を護持する論陣を張った。

こうした状況を踏まえると、安部の新ファシズム論の提起は、遅すぎたとは言え、マルクス主義史学の内部では劃時代的な意義を有した。

しかしながら、新たなファシズム論も、基本的な諸欠陥を帯同していた。

第一点は、旧態依然としてスターリン主義国家論教科書の国家類型・国家形態といった枠組みやデイミトロフ・テーゼを教義としそれらの解釈・適用として、日本ファシズムにアプローチする方法的立場である。この場合、内容上では、ソヴェト・マルクス主義国家論の持つ根本難点を継承し、方法上では、特定の定義・概念規定を絶対視してそれから天下りする教条主義が避けられない。

『歴史学研究』４５１号（１９７７年１２月）「特集　日本ファシズムの再検討」の安部「日本ファシズムの研究視角」は、日本ファシズム論の現状について、「３２テーゼの絶対視、天皇制絶対主義説もしくは絶対主義的天皇制説への拘泥から抜け出しつつある状況こそ日本ファシズムの新たな構築への前進として評価したい」と述べた。１９７０年代後半にいたってもなお存在するこうした状況は、悲喜劇的な惨状と言わざるをえないが、安部自身も、「３２年テーゼ」や天皇制絶対主義論から脱しても、「国家＝（暴力装置に偏倚した）機構」説、「国家の本質＝独裁」説を含め、スターリン主義ないしレーニン主義の国家論説の呪縛に囚われたままであり、その枠内での整序に終始していた。(3)

講座派理論は、ソ連やコミンテルンの権威にもたれた同伴者理論の性格を帯びている。明治維新史研究に関して、史実の実証的な分析的研究に基づくよりも、コミンテルン「32年テーゼ」の天皇制絶対主義の現存説を投射して絶対主義の成立説を導き出したように、具体的な歴史的事実の分析的解明にもまして、権威を仰ぐ特定の理論や概念・定義から出立しそれの適用・具体化を追求する論法は、日本マルクス主義史学の宿痾である。

第二の欠陥は、旧理論からの自己批判抜きの転換、乗り移りの傾向である。「この［＝絶対主義］規定を撤回する」（木坂論文、47頁）と明言する論者についても、天皇制絶対主義説はどのように誤っていたかの反省は不明である。一般に、持論の重要な改変に際して、変更とその理由を自己切開的に明示する誠実さを備えた研究者は例外である。嘆かわしいことに、持論の根本的変更を余儀なくされた――例えば、ソ連社会主義の賞賛からソ連は社会主義に非ずへ――としても、頬被りあるいはなしくずしで済ます無節操、無責任性がほとんどのマルクス主義研究者の習性である。

そこには、既存のボナパルティズム説（服部之総、上山春平など）や君主主義的立憲制説（望田幸男）の再検討[4]、近年提唱された「権威主義体制」論（J・リンス）の適用の是非の検討、併せて国際的な比較考察、こうした理論的作業も欠けている。絶対主義に代えて「立憲君主制」にいわば緊急避難して済ませており、新たな理論的開発の苦闘が見られない。「立憲君主制」規定では、明治から令和の時代まで日本の近現代国家は立憲君主制の性格を備えているのだか

恐れ入りますが、切手をお張り下さい。

〒113−0033

東京都文京区本郷

2−3−10

お茶の水ビル内

（株）社会評論社　行

おなまえ　　　　　　　　　　　　　　　　　様

（　　　　才）

ご住所

メールアドレス

購入をご希望の本がございましたらお知らせ下さい。
（送料小社負担。請求書同封）

書名

メールでも承ります。　book@shahyo.com

今回お読みになった感想、ご意見お寄せ下さい。

書名

メールでも承ります。 book@shahyo.com

ら、何も言っていないに等しい。

従ってまた、旧来の天皇制絶対主義（のファシズム的機能）論を引きずっている。端的に前記木坂論文は、「15年戦争期に…国家権力の核心をにぎっていたのは一貫して宮中グループ」（25頁）と見立てて、「立憲君主制」を再編した「天皇制ファシズム」（22頁）と規定した[5]。

結局のところ、絶対主義でなければファシズムだとする偏狭な択一的議論を出ていない。第三として、いずれにせよファシズムであることを先入的な固定観念としている。いわば、結論先取りである。

それによって、特に1930年代の日本の歴史的事象にファシズムを読み込むことに前のめりになっている。これについて、次に具体的に摘示する。

日本ファシズムの形成過程

満州事変を機にファシズム化が始まり、2・26事件によってファシズム体制への道が確定し、大政翼賛会の成立によってファシズム体制への移行が完了した。およそこうした基本線で各論者は一致している。

主要な論点を検討する。

①「日本においてもファシズムに向う組織化の起点はやはりコミンテルンへの対抗であった」（古屋論文、85頁）。

日本の近代国家には、1910年の大逆事件のように、社会主義運動を峻烈に弾圧する強権主義が体質として流れていたし、コミンテルン世界革命運動の波及、その直系として天皇制打倒を掲げる日本共産党の運動の危険視、警戒はひとしおであった。特に政友会田中義一内閣は、25年に制定されていた治安維持法の最初の本格的適用として再建共産党関係者を大検挙する28年3・15事件、29年4・16事件など、厳酷な弾圧を徹底した。だが、そこにファシズム化への起点を見出すことは飛躍的にすぎる。勃興の革命政党や戦闘的労働組合の運動も体制の危機を招くほど強力ではなかった。共産主義者達は体制の転覆を熱望していたとしても、実際に脅かす力を持っていたのではなかった。

上の見解は、後に取りあげるファシズム＝「(予防) 反革命」規定のあてはめによる意味づけであろうが、「(予防) 反革命」説は当時の日本には特に当てはまらないだろう。

②「陸軍部内の強硬分子による『満州』侵略の開始は、……ファッショ化過程を引出し、軍部をファッショ化の主導的地位に位置づけた」(同、86頁)。「天皇制支配体制のファッショ的再編成＝『上からのファシズム』化は、1931年9月18日の満州事変の勃発とともに開始された」(木坂論文、32頁)。「始点［は］満州事変以外には求められないであろう」(安部博純『日本ファシズム論』影書房、1996年、74頁)。「［1931年］3月事件は、陸軍の最高首脳部がファシズムの方向に動き出したことを示す」(古屋論文、105頁)。

陸軍の一部が独断で強行した満州事変は、満蒙領有・傀儡政権（国家）樹立の突破口であり、民政党若槻礼次郎内閣の政党政治への痛打でもあった。陸軍中堅幕僚の間で企図されていたのは、大陸侵攻、政党内閣政治排撃であり、体制改造への起点ともなっていった。けれども、それはファッショ化と直通するのではなかった。

海軍青年将校ら右翼急進主義者達が決起した32年5・15事件で犬養毅首相が射殺されて、政党政治は大打撃を蒙り、24年護憲三派加藤高明内閣以来約8年間続いた政党内閣時代は終焉し、「挙国一致」内閣時代に変った。

34年10月の有名な陸軍パンフレット『国防の本義と其の強化の提唱』は、「国防」の名において国家総力戦・総動員体制の構築に向けての指針を提示した。陸軍は国家総力戦・総動員体制構築に邁進し、それをつうじて体制の革新を探っていた。パンフで打ちだされた方向は、第2章第4節で詳述するように、全面にわたっての国家統制の強化にほかならず「ファッショ化」ではなかった。

ファシズム化を識別する指標は何か、これが問われざるをえない。

③「2・26事件を契機に『上からのファシズム』が勝利をおさめ、日本ファシズムは体制成立へ向かって大きく前進しはじめた」（木坂論文、12頁）。研究者達は揃って、満州事変を機に始まった軍部主導の「上からのファシズム」は、陸軍隊付青年将校など急進主義的右翼によるクーデターの企てを制圧した36年2．26事件を機に、ファシズム体制化の歩みを進めたと説く。

既に、33年3月の国際連盟脱退、35年の天皇機関説排撃・国体明徴運動により外交、憲法思想上の政策転換があり、体制の改変が進行していた。そのなかで生じた2・26事件を機に、陸軍では指導部が交代し、国政への介入を一段と強めた。

36年11月の陸軍パンフレット『陸軍軍備の充実と其の精神』は、「庶政一新」により「日本精神を基調とし近代国防の要諦に合致せる全体主義的国家の体制を整備」すること（86頁）を訴えた。「全体主義的国家の体制〔…〕の整備」、ここに、34年10月のパンフレットとの相違として、「上から」のファシズム化への方向の提示を看取できる。

この時点では、陸軍は国政を左右する力をもつようになっていたし、陸軍の指針は最強力であった。それでも、その方針が国政の基本路線、国策として確定するにいたったのではない。外交面でも、幾つかの選択可能のルートが所在した。日本の進みゆく道について、どのような新たな体制に向かうか、探索の途上にあった。

37年に、政友会、民政党連繋の政党政治復活の動向が生じ、政党と協調的な立場をとって歴代政党内閣の陸相を務めてきた軍政家宇垣一成が大命降下をうけて組閣したものの、陸軍の猛反対により流産したこと、陸軍内部の権力闘争で石原莞爾が進出し、いわゆる満洲派が林銑十郎内閣を支えて目覚ましく活躍したことは、陸軍の「上からのファシズム」が一路進行したのではないことを示す。選択肢は未だ一つではなかった。

批判してきたように、論者達は、ファシズムと目されてきた思想、運動、体制が果たしてファシズムとしての性格をもっていたかどうか、あらためて具体的に精査し検証する研究を怠ったまま、今までと同様にファシズム化を当然の前提にして筆を運んでいる。昭和戦中のファシズム化、ファシズム体制化をアプリオリに決めておいて史的過程を切り盛りするような把握に陥っている。

伝統的な国家主義の強化とファシズム化の二重写し

こうした論議の決定的な陥穽は、どこにあるだろうか。近代日本の伝統的な国家主義、その強化を超えるファシズム化の指標を曖昧ないし不明にしたまま、国家主義強化（の過程）と超国家主義化（の過程）とをファシズム化（の過程）として一括していることにある。日本のファシズム化を識別する固有のメルクマールは何か、これを解明せずに、国家主義の拡大強化をもファシズム化と二重写しにしている。

視野を広げると、第一次大戦後の軍部は最重要な課題として国家総力戦・総動員体制の構築をアジア・太平洋戦争にいたるまで一貫して追い求めた。だが、内外情勢の推移と軍部の地位の変化につれて、軍部が遂行する当面の政策は変容した。その具体的政策・方針の変遷の分析に基づきながら国家体制の変化を解明する問題追及を見失っているのである。

一般に国家体制の転移は、国家による新たなる政策の採用から、政策体系ないし国策の変更、国家機構の改編を通じて進展し実現する。

国家総力戦・総動員体制強化と大陸侵攻拡大の併進する体制改造過程のどの地点で、超国家主義化＝全体主義化する政策が打ちだされたか、予断を排して、具に検討しなければならない。換言すると、北一輝派などの急進主義的ファシズム思想・運動が2．26事件において壊滅した後、軍部による国家主義的体制建設がファシズムの性格を形成するにいたった時点、諸契機を析出する必要がある。その際、内因に加え外的動因として、ナチス・ドイツの目覚ましい興隆、それによって引き起こされる国際政治の流動への対処の追跡を欠かせない。

本書は、第2章、第3章で説き明かすように、38年4月制定の国家総動員法での人的・物的資源の国家による強力な統制運用という超国家主義化、ならびに同年11月「東亜新秩序」声明での中国大陸からアジア・太平洋への対外侵攻の拡張というナショナリズムのウルトラ化に、国家政策（体系）のファシズム化への転換の具体的な指標を見いだす。

この後更に、39年9月第二次大戦が始まりナチス・ドイツがヨーロッパ大陸を征圧する情勢が生まれ、40年9月日独伊三国同盟が締結され、同年10月大政翼賛会の誕生、すべての政党の解散へといたる。

この一連の過程を経て、「上からのファシズム」化の進展がファシズム体制の成立に収斂したと思われる。新体制は安定化しないうちに太平洋戦争で敗戦に追い込まれ瓦解してしまうのであるが。

昭和戦中体制について、視角を新たにするとともに、綿密な実証的分析および国際的な比較政治体制考察に基づく理論的考究にあらためて力を注ぐべきだろう。[6]

ファシズム、ソ連「社会主義」の世界史的位置

ファシズム形成の世界史的条件について、「第一次大戦後の資本主義社会の動揺、ヴェルサイユ体制と呼ばれた資本主義国家間の国際的関係、ロシア革命につづくコミンテルン型世界革命運動の展開という三つの歴史的条件を前提として形成されてきたもの」（古屋論文、８１頁）として把握するのは、当を得ており首肯できる。

問題となるのは、上の歴史的条件の三つめに結び付けて、ファシズムのなによりの特質を「反革命」または「予防反革命」と規定することである。安部博純『日本ファシズム論』は、「反革命《カウンター・レヴォリューション》にファシズムの本質を求めるべきだ」「ファシズムはまさに反《アンチ》革命の極限形態である」（１１－１２頁。５１頁）と力説する。粟屋憲太郎『十五年戦争期の政治と社会』（大月書店、１９９５年）では、「ファシズムの基本的特質は、反革命あるいは予防反革命の急進性にある」（１３０頁）。

「反革命」規定は、後節で扱う丸山眞男の説が最もよく知られているが、コミンテルン第７回大会（１９３５年）における有名なディミトロフ報告のなかには「ファシズム、それは気違いじみた反動と反革命である！[7]」との特徴づけが含まれていた。その前提には、コミンテルン第６回世界大会（１９２８年）採択の世界綱領で定式化された、資本主義は全般的危機の段階

にあるとの時代認識があった。これはまたこれで、現代は資本主義から社会主義への世界史的移行の時代だとする歴史認識と一体であった。コミンテルンにおいて、資本主義の全般的危機にあって急速に成長する傘下の革命運動にたいする「(予防)反革命」とするファシズムについての定式がかたちづくられたのだった。

ファシズムが社会主義革命への「対抗革命」としての性格を備えていたことは、疑いない。とはいえ、マルクス主義史学につらぬかれて特徴は、ファシズムとソ連「社会主義」を対極的位置におき、後者の側に身を置いてするアプローチである。ファシズムを徹底的に批判し否定する一方で、スターリン主義を擁護しボリシェヴィズムを讃える。

コミンテルン型革命運動からする「(予防)反革命」という視角と第一義的な特徴づけ、基底にある資本主義の全般的危機の段階なる世界史認識、またファシズム陣営に対抗する民主主義陣営へのソ連の位置づけ、これらは、しかしながら、ソ連の大国化および第二次大戦後の各国での共産党の躍出に幻惑された(親)スターリン主義の歴史把握であり、歴史認識の偏向を免れない。

現在的には明らかなように、「全般的危機」に立っていたのはソ連自身であった。アメリカ帝国主義の世界制覇が示すように、資本主義世界の最中枢は大恐慌やプロレタリア階級闘争の激化の深刻な危機に直面しながらもそれを克服し、なお内発的に上昇的発展する力を保有していた。

第一次大戦後から1930年代にかけて、20世紀世界秩序の新たな変動の核としてアメリカ資本主義、ソ連「社会主義」、イタリア・ドイツ・日本のファシズムが台頭し、第二次世界大戦において激突した。

ファシズムとソ連「社会主義」は、第一次大戦以来の激しく揺れ動く資本主義世界において英米など先進帝国主義諸国に対峙し、前者は後進帝国主義国からする世界再分割の闘争を挑み、後者は双方の帝国主義諸国にたいするプロレタリア革命の敢行に決起し世界革命を掲げた。両者は、帝国主義戦争の時代における右と左からの世界変革の挑戦でありながら、相互に敵対しあう存在であった。

ソ連「社会主義」は、世界の多くの左翼にとって解放への道を開く兆章として受認され、ファシズムに対抗する大きな力を揮った。しかし、全体主義として括られるようなファシズムとの共通性（一党独裁、単一のイデオロギーとマス・メディアの独占、画一的な強制的組織化、自由・権利の全面的剥奪、政治警察によるテロの制度化と大量殺戮、国家統制経済、など）も内有していた。後進国ロシアでの近代化を跳び越えて1917年10月ボリシェヴィキ革命を強行し社会主義体制建設を志向した急進主義的挑戦は、革命とともに迷路に入り込み錯誤を重ねて、全体主義や収容所群島として批判されるスターリン主義体制に帰結したのであった。

1930年代にファシズムとソ連「社会主義」が、激しく敵対しあいながら、奇妙にも同様の諸特徴を共有した事実、これをどう捉えるか。この大問題に真摯に向き合うなら、ファシズムの全体主義にたいする断罪はソ連「社会主義」への批判ともならざるをえない。嘗て蔓延したようなソ連「社会主義」を手放しで賞賛したりそれに肩入れしたり、反ファシズムを闘ったことでソ連やコミンテルン革命運動を正当化したりするスタンスでは、歴史の真実相を見抜くことはできないし、ファシズムの深層に迫ることもできないだろう。

帝国主義戦争と国家化の時代

２０世紀を「戦争と革命の世紀」とする規定が、左翼のなかでは特に支配的な通念であった。しかし、２０世紀はむしろアメリカ帝国主義を最中枢とする資本主義世界システムの爛熟の世紀であった。社会主義に関しては、資本主義世界システムの半周縁部、周縁部のロシア、中国などで革命を実現したものの新体制建設に失敗した世紀であった。

爛熟する資本主義世界システムの動力は、第二次、第三次の産業革命とともに、二度にわたる帝国主義世界戦争、それらを挟んで第三の波におよんだ民主化であった。１９世紀の消極国家にたいし２０世紀の国家は、積極国家と表現される。国家総力戦・総動員体制、戦争国家、経済過程への国家介入、福祉国家など、国家の構造と機能の顕著な増強に着目して、これを国家化と規定しよう。(8) 政治史を視軸にすると、２０世紀は帝国主義戦争と国家化の時代であった。

かかる世界史的環境にあって、日独伊のファシズムとソ連「社会主義」は、いずれも近代的発展の後進国として新たなる現代化を切り拓く活路として徹底的な国家化・国家主義化を追求した。大恐慌の危機から脱するべくニューディールを採用するとともに戦争国家化したアメリカは、適度な範囲の国家化にとどまった。それとは異なり、ファシズム三国とソ連の国家化は、全面的にして過度であり全体主義に達した。ファシズムもソ連「社会主義」も、過剰国家化による現代化を急進して悲劇的な結末を体現した形態であった。

世界資本主義システムは、２０世紀後葉からは更なる変身として新自由主義へ転換し、脱国家化へ反転した。国家主義的に膠着したソ連「社会主義」体制は、新自由主義化の奔流に対抗できず崩壊した。(9)

第2節　伊藤隆の「革新」派運動論

日本ファシズム論争

伊藤「昭和政治史研究の一視角」は、昭和戦前国家のファシズムとしての性格を自明のこととしているマルクス主義史学の論法を批判した。肝心の実証も論証もおろそかにして、コミンテルン製の概念・定義の天下り適用に依存している「天皇制ファシズム」論の欠陥を衝いたのである。この批判は、肯綮にあたる。

同時に、同論文はファシズム概念を昭和戦前史の分析用語とすることを拒否した。それだけでなく、ファシズムが政治悪の代名詞とされている通俗的語法や、そうした用法と戦勝国の東京裁判との連関を指摘して、ファシズム概念を学術用語とすることを拒絶した。これは、マルクス主義者にしばしば見られるイデオロギッシュな対処に似通っていた。

後日の伊藤「『ファシズム論争』その後」(『年報近代日本研究　10』、1988年)は、「ファシズムと呼ばれる事態が存在しなかったとか、それは日本には存在しなかったなどということを主張したことは全くない…。私が問題としたのは、「昭和戦前期をなぜ当然の前提として『ファシズム』であったとするのか」という点である」(310―311頁)と釈明した。

伊藤は、先行の『昭和初期政治史研究』(東京大学出版会、1969年)において既に、日本ファシズム論に対抗して、「革新」派の運動としての昭和戦前史の分析的研究に着手していた。それを踏まえると、反響をよんだ伊藤論文の主意は、マルクス主義史学がキーワードとしているファシズム概念の有効性を否定することにもまして、第一次大戦後蔟生して既成体制の打破を志向する諸々の「革新」派、そのなかの「革新右翼」による新体制形成への挑戦の道程として昭和戦前の歴史を描出することの提案にあっただろう。

伊藤論文にたいして、マルクス主義史学の日本ファシズム論者からの反駁がなされた。『歴史学研究』451号(1977年12月)「特集　日本ファシズム論の再検討」の安部博純「日本ファシズムの研究視角」、および壬生史郎「日本ファシズム研究によせて」、『歴史評論』328号(1977年8月)の松尾章一「現代反動的歴史観の一典型」等が、それである。

反批判には正当な論点も含まれていたが、概して、これまでのマルクス主義史学によって対立する異論にたいし放たれてきた批判のパターンの踏襲であった。だが、嘗てと異なり共産党、ソ連、マルクス主義理論の権威失墜が明白化してきている状況下、こうした常套的な批判の味気無さに気づいたり、閉口したりした研究者も増えていたのではないだろうか。

論争は、立場の相違が目立ち、一部政治的な非難もしくは擁護の傾向を含み、相互の理論上の交流と深化は達成されずに終わった。

だが、それにもかかわらず、というよりそれゆえに、論争のもたらした効用、後代の研究の方向づけに及ぼした影響は小さくなかったと思われる。双方の論の欠点や一面性が明らかに示されたから、後続の研究は前轍を踏まないことを教訓とすることができた。

伊藤隆『昭和初期政治史研究』

後年展開される右翼「革新」派による新体制運動に関する研究の原点を占める書であり、日本ファシズム論に代替する自論の展開の第一作である。

昭和初期政治史を大正デモクラシーからファシズムへの移行過程に位置づけるのが、最も有力な問題構制である。それに代えて、明治的支配体制を改造せんとする第一次大戦後の諸々の「革新」思想・運動の展開という視角から、「進歩（欧化）」対「復古（反動）」の視点と「革新（破壊）」対「漸進（現状維持）」の視点を横軸と縦軸として組み合わせる分析枠組を設定する。そして、１９３０年のロンドン海軍軍縮問題をめぐって、政治的主体として浜口内閣および民政党、海軍、元老および宮中勢力、政友会、貴族院、陸軍、枢密院等、10集団を配置し、これら集団の角逐、抗争、妥協、結託による軍縮条約締結の経過を描き出す。細部にわたる詳細で緻密な記述が、蒐集した史料や関係者へのインタビューを交えてなされており、ユニークな視角設定と併せて、力作の名に値する大部の研究書である。

だが、読み通して、肝心な何かが欠けている感に見舞われる。非常に克明な事実の記述にもかかわらず、当時の歴史の基層で進展する核心的な事態が浮かびあがってこない。かえって消散する。2、3の論目を焦点にして疑問や批判を記す。

浜口民政党内閣と海軍軍縮協定

まずは、浜口雄幸内閣と海軍軍縮協定の歴史的位置づけについて。

30年1月にロンドン海軍軍縮会議が始まった。浜口内閣は第一次大戦後生まれた国際連盟を次の大戦を防止する世界の集団安全保障のための機関として重要視し、日本もその活動に積極的に協力し世界の平和に貢献せんとする立場をとり、政綱においても「軍備縮小の完成」を挙げていた。財政負担の軽減という観点も重なり合っていた。

他方、軍縮に反対した海軍軍令部は、世界史の新たな動向や国際的外交関係、また国力や財政との相応に関する大局的な観点なきまま、純軍事的見地からの戦略定立、米英に対抗できる兵力確保にひたすらであった。国力を度外視した軍備拡張、つまり軍拡至上主義であった。軍事戦略に関しても、日露戦勝の栄光の体験の奢りで戦訓の検討を怠り、第一次大戦でほぼ局外にあったことが加わって、東郷平八郎元帥の絶大な影響下、大艦巨砲主義、主力艦プラス補助艦など旧式にこだわり、新時代への移行から後れていた。軍令部長加藤寛治をはじめとして、現下の戦争は長期に及ぶ国家総力戦が必至になっている点についての考慮も乏しかった。

国際情勢の流れを見通して、国際的平和協調の具体策として海軍軍縮で英米と妥協した浜口内閣、それに協力した海軍大臣など海軍主流派の条約派、これらを支援した宮中グループ、たいするに軍備増強にこだわり妥結に強硬に反対した軍令部長加藤等などの艦隊派、それに加担した政友会対外硬派や政界・民間の右翼集団の間で、攻防が繰り広げられた。

対中国政策をめぐっては、すでに1928年6月関東軍による張作霖爆殺事件が起こされており、陸軍の満蒙分離・自治政権樹立論や満蒙領有論にたいして、民政党は、政綱に「対支外交の刷新」を掲げ、いわゆる幣原外交を継続して、中国国民政府による独立・全土統一容認の論であり、北伐にたいして不干渉の政策であった。

浜口は、「自分が政権を失うとも民政党を失うとも又自分の生命を失うとも奪うべからざる堅き決心」(10)をもって強い指導力を発揮し、海軍の軍令部・艦隊派、枢密院、政友会の対外硬派などの対抗を一つ一つ突破して、難航の末、30年10月軍縮条約批准承認にこぎつけた。

藩閥内閣が陸海軍、枢密院を率いるとともに政党を排し議会の干与を抑え込む、明治以来の伝統的な政治的統合様式は徐々に変化をとげて、大正デモクラシーとともに政党内閣の時代を迎えていた。海軍軍縮条約の締結は、30年2月の総選挙において大勝――民政党273議席、政友会174議席――し国民の信任を受けた民政党浜口内閣と議会が、陸海軍、枢密院を含めた国家システムの全体を統御する新たな政治的統合様式を、強力な反対勢力との緊迫した関係のなかで漸く出現させたことを意味した。政友会創立に始まり、初の本格的政党内閣原敬政友会内閣へと発展してきた政党政治は、浜口民政党内閣において頂点に達した。(11)

枢密院は、前内閣の民政党第一次若槻内閣を倒したほど依然として強力であったが、浜口(内閣)の断固とした姿勢の前に敗北し、これ以降独自の政治権力を失い無力化していった。

第一次大戦後帝国主義列強の一つに駆けあがった日本の針路をめぐり、原内閣外交政策を継ぐ政党の対米英協調の路線と、軍部のアジアの盟主、軍事的強大化の路線の対抗が激化していく時代にあって、最初の激突とも言える海軍軍縮問題では、さしあたり前者が優勢を示したのだった。

伊藤書には、浜口内閣の事績について然るべき評価は見られない。むしろ、内閣の海軍への対応過程での配慮不足や不手際の指摘が目立つ。また、浜口内閣の他の政策に関し、「幣原外交による対中国政策の行き詰まり、井上財政における金解禁―緊縮財政の破綻による不景気の深刻化という対外及び国内政策の挫折」(464頁)という見地を示している。浜口内閣は、第一次大戦後日本でも懸案とされてきた金解禁を30年1月に実行し、13年ぶりに金本位制を復活した。しかし、この井上財政は、直前に勃発して襲来した世界大恐慌の直撃を受けて、膨大な正貨流出、物価暴落をきたして昭和恐慌を招来、完全な裏目に出ることになった。経済政策の破綻は伊藤の指摘のとおりであるが、浜口内閣の施政はことごとく失敗であったとするようなニュアンスの論調が強くて、バランスを失している感は否めない。

「統帥権干犯」問題

次に、浜口内閣・海軍省と海軍軍令部との間で紛糾した統帥権（干犯）問題に立ち入る。軍縮会議でアメリカ、イギリスと折衝する日本側の軍備量の決定について、海軍大臣に権限ありとする海軍省と自らの関与を強硬に主張する軍令部が対立し、要求の通らない軍令部は軍縮条約に猛反対した。

議会では、野党の政友会が当初の軍縮案支持から転換し、倒閣を策して総裁犬養毅を先頭に帝国憲法第１１条と第１２条の解釈として統帥権、編制権を問題化し、政界や民間の右翼とともに、条約を成立させまいとする軍令部を首相や海軍大臣が押さえこんだことを「統帥権干犯」だと攻撃した。「統帥権干犯」が紛糾したのは、これが史上初であった。

伊藤書の浜口内閣・海軍省と軍令部との交渉、駆け引きの過程の記述は、仔細を極めている。双方が激しく争ったことは十分に解るが、争点が細密化されすぎて複雑に入り組んでしまい、何が根本的な問題なのか、かえって掴み取り難い。

陸軍では、１９０７年「帝国国防方針」策定以降、統帥権についてはもっぱら参謀総長のみが責任を負い、編制権については陸軍大臣のみならず参謀総長も責任を負ってきたが、1920年代には歴代内閣の陸軍大臣を務めたトップ・リーダー田中義一、宇垣一成の統制下で陸軍省（軍政機関）の参謀本部（軍令機関）への優位が生まれていた。一方、「海軍は、統帥権については海軍軍令部長のみならず海軍大臣も責任を負い、編制権については海軍大臣のみが責任を負う、と解する伝統があった」し、「過去の軍縮会議では、『条約上の兵力量』を決定するのは政府（海軍省を含む）の責任と権限であり、統帥部（軍令部）の意見は『参考』にすればよいと考えられ、これが海軍の不文律的な伝統で、ロンドン会議においても回訓発出まで海軍省（浜口を含む）はこの考えで進〔んだ〕」[12]。

艦隊派は、浜口内閣や軍縮条約に反対する諸集団の「統帥権干犯」攻撃に呼応しつつ、海軍省優位の慣行的実態を打破し、軍令部の権限強化を狙ったのである。

艦隊派、政友会、枢密院、民間右翼などの主張の核心は、統帥大権は国務大臣の輔弼の範囲外でありこれを輔翼するのは軍統帥部だ、軍縮条約による兵力量の決定も統帥部の輔翼すべき事項だということにあった。

この問題でも原型にあたる明治時代に立ち返ると、日清戦争でも日露戦争でも、国政を統導する元老集団に援護されつつ、政治指導にあたる首相を筆頭に外相、陸相、海相が戦争指導をおこない、その下において統帥部が作戦指導にあたった。両戦争ともに、藩閥内閣主導の政治と軍事、国務と統帥の統一がつらぬかれた。統帥権の独立は、民党の容喙を排除するためにする議会からの独立を意味していたし、元老、藩閥内閣の政治指導、戦争指導を前提として、作戦指導上の権限として現実に行使された。

それにたいし、ロンドン海軍軍縮協定に際しての艦隊派などがかざす「統帥権の独立」は、政党内閣政治時代に移ったなかで、政党内閣からの独立、内閣の政治指導の排斥に変容していた。

艦隊派の主張は、中長期的に見ると、海軍省・海軍大臣、ひいては国務を率いる内閣・首相の戦争指導および政治指導から、軍令部の作戦指導が独立化へ向かう過程の起動を意味していた。

伊藤書は、海軍軍縮条約締結に際し争点となった統帥権の独立問題を歴史的経緯のなかに位置づけることに乏しく、浜口内閣、海軍省にたいする大権干犯の非難攻撃の歴史的意味を不問にしている。

浜口首相狙撃事件

いま一つは、浜口首相狙撃事件についてである。

30年11月海軍軍縮条約が批准されて3日後、浜口首相は右翼青年に狙撃されて重傷を負い翌年8月死没した。伊藤書では、浜口首相狙撃について「テロ、クーデターの初発」（433頁）と記されているにすぎないが、浜口を斃した一弾は政党内閣への反撃の機会を狙う軍部強硬派や右翼の決起を誘発する重大な転機となった。

２０年代には２１年のワシントン会議による海軍の軍縮を皮切りに、政党内閣のもとで軍縮が相次ぎ、政友会、民政党は競って軍部機構改革構想を発表してきていた。浜口内閣による軍令部などの強硬な反対を押しきった軍縮条約調印は、右翼勢力の危機意識を極度に嵩じさせた。当然、反撃の動向も急激で強烈であった。民間右翼は浜口内閣への敵対的態度を強め民政党打倒に結集した。陸軍内では政党政治にたいする憤懣が一段と強まり、急進的な少壮将校が結成した桜会は、３１年3月、続いて１０月にクーデター未遂事件を起こした。右翼諸勢力は更なるテロ、そしてクーデターをうかがう態勢に入ったのである。

遭難した浜口は重傷から一時恢復したが、9か月後に死去した。浜口無き民政党は、党内の混乱を鎮めるに足るだけの求心力に欠けていた。民政党は弱体化し官僚出身派と党人派の内訌が深まった。それを見透かしたかのように、陸軍強硬派は３１年9月満州事変を決行する。更にその後テロが連続し３２年5・１5事件で犬養首相が殺害され、二大政党党首がテロにより葬り去られる衝撃を受けて政党政治そのものが崩落してゆく。

浜口狙撃は政党政治を排撃する諸勢力の反転攻勢の起点となった。2・２6事件の急進的青年将校達の「蹶起趣意書」は、「国体破壊」の最も甚だしい事例の一として「倫敦海軍条約」における「統帥権干犯」を挙げるとともに、浜口首相を狙撃した「佐郷屋（留雄）」を「先駆捨身」の一人として称えている。

成長の途について程ない政党政治は、未だ幼弱であり、非凡な指導者を失った民政党を主力とする日本の自由（民主）主義化、議会主義化は挫折を余儀なくされた。ロンドン海軍軍縮条約締結は、政党内閣政治の最後の光芒であった。

伊藤書は、ミクロ的な豊富な事実の緻密な記述において抜群である。概念先行主義・公式適用主義に陥るのを戒めた史料に基づく丹念な実証的分析の第一義的重要性を汲み取ることもできる。だが、反面で、「木を見て森を見ず」の俗諺のごとく、マクロ的な昭和初期政治史の大変動の進行の省察に欠けている。その意味で歴史の真実相の究明に迫りえていないとの思いが避けられない。

伊藤隆『十五年戦争』

続く著作『十五年戦争』（小学館、１９７６年）――『日本の歴史』全３２巻のなかの第３０巻――において、伊藤は「革新」派論の構想に添う歴史分析を具体的に提示する。十五年戦争期を対象とする啓蒙的な書籍は数多公刊されている。そのなかにあって、本書は、ファシズムの時代という最もポピュラーな設定を退けて、「革新」派の新体制運動の時代として、この時期を位置づけた。

第一大戦後誕生したマルクス主義からソーシャリズム、アナーキズム、デモクラシー、国粋主義などまで、「〔明治以来の〕『旧体制』を打ちこわすことによって、新しい時代を現出させることが必要だし、可能だと信じていた」「人々を『革新』派と総称する」（17頁）。そのうえで、右翼「革新」派を推進力とした満州事変に始まる大陸進出を動的契機とする日本の新体制への変革の追求、それと結びついた日独伊三国同盟による世界の変革の指向が、戦局の暗転により無条件降伏にいたる激動の歴史を、重要な諸事件を辿って叙述する。

広く諸々の「革新」派が多角的に視野に収められ、「革新」運動の総体の成り行きが追跡されその結末が示されているのは、ユニークであり、類書に無いメリットである。ただ、書の性質からして概説にとどめられており、主要な論題についての掘り下げた考察は、『近衛新体制』（中公新書、1983年）などとして果たされる。

ここでは、研究方法にかかわるデメリットを指摘する。

叙述のキーワード「革新」は、現行体制の改変を指向する集団がその思念を「革新」として表明したのを受けて、にわかに脚光を浴びて世上で通念化し、1930年代半ば過ぎから時代の合言葉となった。陸軍皇道派の頭目の一人真崎甚三郎の『日記』でも「現状維持派ト革新ノ争ヒ」という政治的対立の分類として用いられている。[13] つまり、「革新」は、学問的な分析概念として鍛成された術語ではない。体制改変を導いた「革新」やその主力を担った「革新右翼」の歴史的な意味や性格は、解析されず不問にされている。

関連して、「革新」運動による新体制を分析的に捉え返してどう概念的に表現するか、課題とされない。「戦時体制」で足りるとされる。政治体制の歴史的性格規定に意義を認めないということであろう。

日本についてはこの時代の体制変化をファシズム化として捉えないのは、研究としてあり得る一つの見地である。そうだとしても、イタリア、ドイツについてはどうか。「ファッショ＝イタリア」（17頁）、「ナチス＝ドイツ」（同頁、287頁）の語は見られるが、ファシズム、ナチズムの概念は積極的な自説としては使用されていない。しかし、30年代末には同盟を結び新体制建設にあたって参考にもされたナチズム、ファシズムとの比較検討なしに、「革新」や体制変化の実態と性格を明らかにできるだろうか。

他方、「全体主義国家群」（18頁、268頁）の語は、ソ連を含めて、用いられている。全体主義概念は受け入れられている。

伊藤の研究スタイルは、価値判断を先行させ事実の探求をないがしろにしてきたマルクス主義史学へのアンチであり、価値評価を示すことを禁欲して事実認識に徹しようとしていると見做せる。それは、歴史の具体的現実を掘り起こして究明するうえで長所であり、優れた事績も生んでいる。だが、その反面、短所としてマルクス主義史学とは逆に史実の無批判的な実証、追認の弊に陥っている。「イデオロギー的な歴史観からの脱却」（18頁）を謳い、実証一点張りのごとくであるが、別種のイデオロギー的歴史観がまつわりついていると評さざるをえない。

第3節　山口定『ファシズム』

理論的達成

日本ファシズムの研究には、史実に即した丹念な実証的な分析に加えて、ファシズムの原型にあたるイタリア・ファシズムやドイツ・ナチズムの研究に基づくファシズムとは何かについての理論的な解明が不可欠である。

そうした研究の成果が山口定『ファシズム』として達成された。『アドルフ・ヒトラー』（三一書房、1962年）、『現代ファシズム論の諸潮流』（有斐閣、1976年）、『ナチ・エリート』（中公新書、同年）などに続いて、関連分野での国内外の数多の文献を渉猟し先行の諸達成を摂取して総合的に構成し、ファシズム研究の新たなる地平を拓いた業績である。豊富な実証に基づき柔軟な思考によってまとめられた本書の到達地点を学びとることから、以後の研究は出発しなければならないだろう。

本書ではファシズムについて、「思想」、「運動」、「体制」のレヴェルを区別し連関づけてその全体像を解明する方法的見地がとられている。拙稿での検討は体制としてのファシズムを焦点にする。

ファシズム体制の標識として、「（1）既成の支配層のなかの反動化した部分といわゆる疑似革命勢力との広い意味での政治的同盟の成立、（２）一党独裁と、それを可能にする政治的、社会的な『強制的同質化』の貫徹、（３）自由主義的諸権利の全面的抑圧と政治警察を中核とするテロの全面的制度化、（４）「『新しい秩序』と『新しい人間』の形成に向けての大衆動員、の四つ」（179頁）が挙げられている。

四つの基準のなかでも（１）の既成支配層の反動化した部分―「権威主義的反動」―と新興の急進的大衆運動の指導者層―「疑似革命」―との政治的同盟が「第一の基準」（29頁）として最重要視される。

「疑似革命」規定は、マルクス主義史学のファシズム批判の決め言葉とされてきた「反革命」規定とナチズムが歴史上果たした一面に着目した欧米の論者の「(社会) 革命」規定との双方への批判を内意し、ファシズムが当該国で現行体制の行き詰まりの打破へ向かって国民大衆を結集し新たな体制を創りだし一大変革を遂行した現実を押さえて打ちだされている。「権威主義的反動」と「疑似革命」の同盟論は、西川正雄「ヒトラーの政権掌握」（『思想』、1967年2月）からの摂取である。

更に、「それぞれの国における『権威主義的反動』と『疑似革命』のあり方、そしてその双方の間のからまり合いの特質の解明といったことが比較ファシズム体制論の重要な枠組になる」（35頁）。この見地から、世界各国のファシズム体制はイタリアやドイツの「疑似革命」主導型と日本やポーランド、スペインなどの「『権威主義的反動』主導型」とに類型区分されている。

ファシズムと権威主義

各国のファシズム体制の類型化は、大変な労力を要する作業である。難題をまとめた功績は高く評価される。とはいえ、山口による理論化に所在する一大難点を指摘せざるをえない。権威主義体制をファシズム体制に包括しファシズム体制のなかの特定形態として位置づけていることである。

しかし、権威主義体制はファシズム体制と異なる独自の政治体制として位置づけるのが至当であろう。

リンスの権威主義体制論の受けとめ如何が問われる。

リンス『全体主義体制と権威主義体制』（1975年）は、1930～70年代のスペインのフランコ体制について、まぎれもなく非民主主義体制であるが全体主義体制でもないとして、従前の民主主義体制と全体主義体制との二分法の定式を破り、両体制とは別の権威主義体制と規定し独自の位置を与えた。

彼の権威主義体制論は、フランコ体制をファシズム体制とするスペインでは有力な議論にたいし史実に基づいて反証し別論を示すにとどまらず、19世紀後半から20世紀に近現代化したドイツ、イタリア、日本、ロシア、その他の後発諸国における政治体制の様々な存在形態の異同を解明する開拓的な業績であり、政治体制の類型化への先駆的な貢献であった。更に一回り後れ21世紀にかけて現出する発展途上諸国における多種多様な開発独裁的体制を視野に入れると、権威主義体制論の提示は極めて積極的な意義を有していた。

その所論によると、全体主義体制と権威主義体制の主要な相違は、以下のような諸点にある。政治的一元性にたいし「限定された多元主義」。唯一の公認イデオロギーにたいし明確な体制イデオロギーを欠如しその代わりに「感情的な思考や心情」である「メンタリティ」を持つ。一枚岩主義の一党制にたいし唯一政党は内部対立を抱え組織的一体性に欠ける。政治的動員は広範で集中的ではなく「低い限定された動員」。(14)

これにたいし、山口は「本来の発想が全体主義理論に由来している」(267頁)との観点から批判し、リンスの理論的開発を斥ける。独自の政治体制としての権威主義体制の提唱を、政治体制論の発展的豊富化として受け入れることなく、ファシズム体制の一種として位置づけてファシズム体制論に繰りこむ。

具体的には、スペインのフランコ体制を「『権威主義的反動』主導型ファシズム体制」として、フランコを「権威主義的反動」、ファランヘ党を「疑似革命」に位置づけている。

問題は、なによりもフランコ体制についての実証的な分析的研究にかかっている。だが、当代のスペインについての独自の研究の遂行に基づいてではなく、フランコ体制をファシズム体制とする従来のスペインでは殊に支配的な説論に従って、山口は立言している。

ドイツでは、新興のヒトラー率いるナチ党が急進主義的大衆運動を巨大に発展させ国会選挙においても大躍進を遂げて、フーゲンベルクの国家人民党など伝来の保守主義勢力と妥協、提携して政権を握り、ナチズム体制を形成していった。「疑似革命」と「権威主義的反動」の同盟の論立は、まさしくこの歴史の経験的事実の定式化であった。

スペインでは、第二共和国での左右両勢力の激突から36年に内戦に突入し、軍を率いた将軍フランコが保守勢力やドイツ、イタリアの支援を受け内戦に勝利して全権を掌握し、38年国家元首兼首相となった。その間、フランコによって上から、37年4月、スペイン・ファシズムを代表するファランへと他の右翼勢力を統合して、ファランへ党が創設された。ファランへ党は大衆を動員し、既成の政治秩序や経済エリートを攻撃するなど、疑似革命的要素を持っていた。しかし、リンスが特質づけたように、ファランへは唯一政党であったが組織的一体性に欠け、党による大衆動員は限られていたし、政権の政策決定に大きな影響力を有しなかった。

近年の実証的研究によると、フランコ体制下で統治権力の中核は軍、カトリック教会にあり、ファランへもその一翼に組みこまれていた。軍や官僚機構をファランへ党は支配できなかったし、国民統合思想の役割を果たしたのはカトリシズムであった。ファランへ党は支配体制の一機構にとどまり、フランコの同盟者のなかで優越した勢力を占めるにいたらず、イデオロギー的にも優位しなかった(15)。

1939年に形成されたフランコ体制は、初期にはファシズム的局面もあり独伊陣営に傾斜しながらも、大戦に加わらなかった。そのファシズム的側面は、大戦でのドイツ、イタリアの敗退とともに次第に弱まっていった。そして、体制は大戦後に曲折しながら徐々に安定してその固有の性格を展開し、１９７０年代まで存続した。

この体制をファシズム体制として位置づけ、「疑似革命と権威主義的反動」の定式を適用して把握するのは無理であり、独自の権威主義体制として規定するのが理に適っている。

眼を転ずれば、ラテンアメリカやアジアには、全体主義ではないが、スペインのフランコ体制と同類で、自由化、民主主義化をめぐって迷走する発展途上国は多い。そうした２０世紀資本主義世界システムの周縁ないし半周縁における国々の歴史動向の把握に、権威主義体制論の形成は応えている。

山口は、ファシズム体制の類型化に際し、「ファシズム体制には、『全体主義』的体制もあれば『権威主義』的体制もあったし、あるいはまた同じ国のファシズム体制も、その発展のなかで『全体主義』的局面もあれば『権威主義』的局面もある」（３６頁）と説く。しかし、両体制を別個の体制として区別したうえで、ファシズム体制には親権威主義性が所在し権威主義体制には親ファシズム性が所在する、ファシズム体制に権威主義的局面もあれば権威主義体制にファシズム的局面もある、このように対処する方が歴史の変転の多様性に応じた柔軟な把握を可能にするだろう。

日本の場合は、明治政治・国家体制からの発展途上において、また昭和初年の政党内閣時代に自由（民主）主義化する道に踏みだし、満州事変、2・26事件で反転して、ファシズム体制に転化するにいたる過程において、権威主義体制を、あるいは権威主義体制に近接した局面を経過したのかどうか、検討を要する課題となる。

「権威主義的反動と疑似革命の同盟」の日本への適用

「権威主義的反動」と「疑似革命」の「同盟」論を応用して、山口は日本ファシズム体制を把握する。それによると、日本は「権威主義的反動」主導型のファシズム体制の一つで、「保守主義的権威主義体制が『上から』のなしくずし的なファッショ化を通じてファシズム体制に移行する例」（186頁）であり、存続期間は1940年10月〜1945年8月である。

ところで、その具体的な実態認識について、山口書の旧版（1979年）と新版（2006年）では看過すべからざる重大な変更がおこなわれている。

旧版では、「権威主義的反動」として「東条英機と『大政翼賛会』（軍統制派幕僚、革新官僚）」、「疑似革命」として「皇道派系、精神右翼系」を挙げている（195頁）。これはまったく不適切である。

まず、東条その他の統制派、革新官僚を「権威主義的反動」に位置づけるのは、筋違いである。別の個所で、ファッショ化を推進する中心勢力について、「日本の場合には、それは国家総動員体制の樹立を目指す陸軍内部の統制派」（207頁）と述べているように、陸軍統制派、革新官僚は漸進的で合法的な路線をとって現行体制の新体制への変革を推進したのであり、「疑似革命」の主力にほかならなかった。彼らは「権威主義的反動」ではなかった。

他方、「皇道派系、精神右翼系」を「疑似革命」に位置づけるのも的外れである。「軍内部での疑似革命派たる皇道派」（242頁）とするが、皇道派は天皇・国体至上のれっきとした保守派であった。「2・26事件で決起した皇道派の青年将校」「皇道派による『下からのファシズム』の動き」（233―234頁）などの記述にも、誤認がある。そこでは、2・26事件でクーデター決起した急進主義的な隊付下級青年将校達と彼らに呼応する姿勢を見せた陸軍指導部の皇道派を同視している。また、「精神右翼系」は復古色が強く、「疑似革命」派とするのは不可解である。

こうした過誤が認知されたからであろう、新版では、「疑似革命」は「『革新』将校と『革新』官僚」に、「権威主義的反動」は「宮中グループを中核とする軍・官僚機構内の保守派」に改められている（231頁）。これにより、実態に見あうような形に訂正された。

それでも、「革新」将校と「革新」官僚が「疑似革命」としてファッショ化を推進した事実に基づくのであれば、「権威主義的反動」主導型という日本ファシズムの規定と自己矛盾を来す。ところが、「権威主義的反動」主導型の定式は旧版どおり保持されている。これは、辻褄があわない。

加えて、「権威主義的反動」の「中核」として「宮中グループ」が示されている。「『権威主義的反動』の中核としての『宮中グループ』が最後まで実権を失っていなかった」(「疑似革命論の生成と射程―『ファシズム』論余滴(5)」、『書斎の窓』、1980年7月)。ここでは、長らく自由主義的で国際協調の立場をとり政党内閣政治を後押ししてきていた宮中グループの30年代後半における変容――牧野伸顕から「革新」派の木戸幸一への内大臣の交替に象徴的――が看過されている。宮中グループが「権威主義的反動」の「中核」を占め続けていたとの説は、史実に符合しない。

とまれ、旧版と新版のいずれも、推進勢力、経過、歴史的基盤など、ドイツと明確に異なる諸特質を体現してファシズム体制化した日本に、「疑似革命」と「権威主義的反動」の定式を振り当てるアプローチであり、その具体的内容は当を失し、混乱さえきたしている。「疑似革命と権威主義的反動の同盟」の概念枠組にはめこもうとする無理押しから生じた破綻であろう。「戦前・戦時の日本が果してどのような意味で、そしてどの程度にファシズム体制と呼べるのか、という厄介な問題」(31頁)と述べているように、また「疑似ファシズム体制」(187頁)の語も使用しているように、山口は日本でのファシズム体制に関して極めて慎重に探索する態度をとっている。にもかかわらず、「疑似革命と権主義的反動の同盟」理論を過度に一般化して、日本にも公式主義的に当てはめる傾向に陥っているのである。

それでは、「疑似革命と権威主義的反動の同盟」論の適用に代えて、日本ファシズム体制をどう把握するか。私見では、統制派(系)陸軍、「革新」官僚の主導する超国家主義的な「疑似革新」と天皇、宮中グループなどの「国権主義的反動」の提携として捉えられる。これについては、第4章第3節で論示する。

日本ファシズムに関する山口に所論の検討を続ける。本書では、天皇制ファシズム概念が括弧付きで（95頁、99頁）、また括弧なしで（134頁）使用されている。先に取り上げた新版における「権威主義的反動」の項での宮中グループを「中核」とする見解も、マルクス主義史学の新旧の「天皇制ファシズム」論に通有の所説の取入れと思われる。山口の説論は、全般的に講座派系の天皇制ファシズム論に親和的である。少なくとも、通説となってきた「天皇制ファシズム」論にたいする批判は明示されていない。

その後の山口論文「丸山眞男と歴史の見方」（小林正弥編『丸山眞男論』東京大学出版会、所収、2003年）では、「天皇制ファシズム」の語が使用される（124頁）一方で、「軍部ファシズム体制」（125頁）とも述べられる。『ファシズム』新版の補説には、「日本軍国主義」の「軍部ファシズム」への発展という記述が見いだされる（337頁）。これらは、日本のファシズムに関する自説の揺らぎ、「軍部ファシズム」論への傾斜を意味するのであろうか。

全体主義論への対応

視野を広げ、山口による全体主義論の扱いに触れる。

全体主義論はファシズムとスターリニズム的共産主義を右左の全体主義として同視した。C・

J・フリードリッヒ『全体主義社会における特異の性質』（1954年）は、「公認のイデオロギー」、「単一の大衆政党」、「武器の行使の完全に独占的な統制」、「マス・コミュニケーションのほとんど完全な独占」、「テロ的警察統制の体系」に、後に「全経済にたいする中央からの統制と指導」を加えた六つを全体主義の要素として挙げた。[16]

山口は全体主義論について、左右の全体主義としてファシズム体制とソ連体制を同一視するイデオロギー的な飛躍があるとして、これを批判し斥ける。全体主義の六点症候群の挙示についても、「支配体制の形式的指標による裁断」（262頁）として否定的に扱う。

確かにファシズムとソ連「社会主義」を同一視することはできない。しかし、ソ連「社会主義」体制も全体主義の症候群を有していた。スターリン体制と死闘したL・トロツキーは、『裏切られた革命』（1936年）において周知のように「堕落した労働者国家」と分析するとともに、一党支配、「官僚絶対主義」、「スターリン神格化」、「マルクス主義が正式に国定の教義となっている」、などの特徴をもつ「全体主義体制」とも規定した。「スターリン主義とファシズムは社会的基盤の大きな相違にもかかわらず、…多くの面で酷似している」[17]のであった。のみならず、近年の研究によって明らかにされてきたように、ロシア革命後のレーニン体制――トロツキー自身がレーニンに次ぐ地位にあった――においても、全体主義の症候は既に生成していた。

ファシズム、その極致ナチズム体制とソ連「社会主義」、その到達スターリン主義体制は、異質物でありつつ全体主義の双璧であった。

ソ連「社会主義」体制の全体主義的性格を批判するのは、ナチズム、ファシズムを相対化する意向では毛頭ない。ナチズム、ファシズムを峻拒すると同時に、スターリン主義にとどまらずレーニン主義、トロツキー主義をも超克して本来の社会主義の復権を思念するからにほかならない。

山口の説では、ナチ革命は伝統的支配層を打倒したのではなくそれと同盟した「疑似革命」だが、ロシア革命は伝統的支配層を打倒したし、世界史のうえで民衆の解放を大きく促進する役割を果たした本物の革命であった。また、「ソヴェト社会主義」「社会主義的工業化」（263頁）の述言のように、ソ連は社会主義であり、ソ連での工業化は社会主義的それであった。こうした歴史認識を「正統」マルクス主義者と共有して、通俗的なスターリン主義イデオロギーを受容している。日本の左翼は特に、全体主義論を冷戦時代の反共イデオロギーとして一蹴し、その反面でソ連を社会主義として称えて無批判的に追従ないし支持してきた。そうした悪しき伝統から、山口もまた脱していない。

されど、山口の全体主義論への態度には、如上の全体主義論否定とは別に、裏面が存在する。全体主義論をソ連については撥ねつける一方、ファシズム体制についての前出の四つの指標のなかの三つは、全体主義論が挙示した全体主義体制の六点症候群の五点を摂取して成っている。つまり、ファシズム論として実質的に全体主義論の論点を取りこんでいるのである。

全体主義論への山口の応対には、否認（表）と摂取（裏）の両面が存する。その意味では柔軟であって、全体主義論を黙殺して片づけるマルクス主義史学者とは相異している。

当節の終わりに、山口によるファシズム論の集大成を秀逸な論として受けとめて学びつつも、日本ファシズムに関しては特に、その説論を実証的な分析を通じて検証し必要に応じての改訂が不可欠である、このことを再認しておきたい。

第4節　丸山眞男の日本ファシズム論

「日本ファシズムの思想と運動」論文の功績

丸山眞男が敗戦直後に発表した日本のファシズムに関する公知の3論文、「超国家主義の論理と心理」（1946年）、「日本ファシズムの思想と運動」（47年）、「軍国支配者の精神形態」（49年）がある。

日本ファシズム研究に大きな影響を与えてきたこれらの論稿に目を通すと、これまでに取り扱ったマルクス主義史学、山口の所論は、それぞれの形で丸山の研究を踏んまえていることが明らかである。だが、いずれも丸山が提出した日本ファシズム論を超え出ていない。むしろ退化している。

3論文のなかで最もまとまりのある「日本ファシズムの思想と運動」を中心に、肝要な論点を検討する。

当論文のテーマは日本のファシズムの思想と運動だが、「最終の目標は全体構造としてのファシズム」とされており、ファシズムの「全体構造の契機」をなすものとして思想と運動は位置づけられている（『増補版　現代政治の思想と行動』未来社、1964年、31頁）。

その運動は、三つの段階に時代区分されている。第一の段階、「準備期」は、第一次大戦の終った頃から満州事変頃にいたる時期で「「民間における右翼運動の時代」」、第二の段階、「成熟期」は、満州事変の前後から2・26事件にいたる時期で、「軍部がファシズム運動の推進力」となる一方、ファッショのテロリズム、クーデターが次々と勃発し「急進ファシズムの全盛期」を迎える、第三期は2・26以後の粛軍を経て軍部が「上からのファシズム」の主力となり、官僚、重臣、独占資本、政党と組んで「不安定ながらも連合支配体制を作りあげた」「『日本ファシズムの完成時代』」である（32頁）。

この時代的区分は、マルクス主義史学をはじめとして日本ファシズム研究に受け継がれ、これまでの通説の基礎となってきた。第1節で指摘したマルクス主義史学の日本ファシズム体制化過程について先のめりし過剰視した把握も、第3節で扱った山口の日本ファシズム体制へ「権威主義的反動」と「疑似革命」の同盟論の適用も、上記時代区分を前提にしていると目される。この丸山による時代区分の難点については、すぐ後で指摘する。

丸山が提出している最も重要な論点は、右の時代的区分ではなく、2・26事件を機に転換した日本ファシズムの運動の諸特質である。

まず、「2・26事件を契機としていわば下からの急進ファシズムの運動に終止符が打たれ日本ファシズム化の道程が独逸や伊太利のようにファシズム革命乃至クーデターという形をとらないことがここではっきりと定まった」（39頁）。この簡潔な説明から掴みだすことのできる核心的な論点は、次のような日本ファシズム運動の特異性である。

イタリア・ファシズム、ドイツ・ナチズムは下からの運動として、小さな極右団体の点から線へ、更に面へと劇的な急進主義的躍進を重ねて国民大衆を結集し、革命によって現存国家を転覆し新たな支配体制を築きあげた。そのような一本の強力な線を、日本ファシズム運動はつらぬいたのではなかった。それとはまるっきり異なり、北一輝に代表される下からの急進主義的ファシズム運動は、大衆化することなく2・26の隊付青年将校たちの決起の鎮圧とともに一掃されてしまい終焉した。その後、支配諸勢力のなかから軍部がファシズム運動の推進力となり、現行体制の漸次的な改造を積み重ね、上からファシズム体制を築くにいたった。とりもなおさず、2・26クーデターの失敗を分水嶺として、日本の全体としてのファシズム運動は、推進の主体と方法に関して大きく転換して「下からの急進ファシズム」は終息し「上からのファシズム」となり、相異なる二層のファシズム運動が断裂して非連続の連続で展開した。

次に、2・26事件を転換点として軍部が権力中枢に進出し推し進めるようになったファシズム運動は、「以後の進展はいろいろのジッグザッグはあっても結局は既成政治体制の内部における編成替えであり、もっぱら上からの国家統制の一方的強化の過程」（３９頁）であった。これが「国家機構としてのファシズム」（２９—３０頁）へ向かう過程では、牽引する陸軍統制派は、「もっと合理的で悪くいえば天皇を利用して自分のプランを上から実現していく」（７０頁）。他方、「下からのファシズム運動は上からのファッショ化の中に吸収されてしまう」（７６頁）。そして、「軍隊、官僚、政党等の既存の政治力が国家機構の内部から漸次ファッショ体制を成熟させて行った」（７１頁）のであり、「どこからファッショ時代になったかはっきりいえない。一歩一歩漸進的にファシズム体制が明治憲法の定めた国家体制の枠の中で完成して行った」（８５頁）。とりもなおさず、「日本のファシズムの漸進的な性格—前の時代との連続性」（８６頁）が存した。これらが、「日本のファシズムの発展過程におけるもっとも大きな特色」（７０頁）とされる。

また、「国家機構としてのファシズム」の形成にあたり、「日華事変、欧州戦争、日ソ条約、日独伊軍事同盟、太平洋戦争というような日本の運命を決定した国際的大事件が国内体制のファシズム化にとって一つ一つのエポックを作〔る〕」（３８—３９頁）。つまり対外関係が重大な促迫要因として作用した。

如上の解明は、当論文の精髄であり、日本的特異性の分析のシャープさは他者の追随を許さない。

加えて、５６年に論文に補註を付し、「日本ファシズムの全体構造」に言及し、「fascization

の具体的進展を歩一歩追究して、何時ファシズムが体制的に制覇したかを確定しなければならない」と強調する。そして、「〔前出の〕第三期の微視的な観察が重要であり、とりわけ四〇年七月の第二次近衛内閣成立前後における各政党及労働組合の解散と大政翼賛会（一〇・一二）と大日本産業報国会（一一・二三）の成立は、消極的には体制への反対が発酵するルートの消滅という点で、積極的には翼賛体制への同質化いう点で劃期的な意味をもっている。この過程は、東条内閣成立後の言論・出版・結社臨時取締令公布（四一・一二・一九）につづく翼賛選挙（四二・四）で『完成』する」（498頁）と把握する。

それでは、上述の運動、体制がファシズムである所以は、どのような点に所在するのか。この問題について、ファシズムとは何かの一般的規定の提示は省くとあらかじめ断り書きされている。それでも、ファシズムとしての最も基本的な特質は示唆されている。一つは、「日本ファシズムの教祖というべき北一輝」（34頁）の『日本改造法案大綱』について、「国内改造と国際的主張とを一本に結ぶ本来のファシズム・イデオロギーが明白に表れる」（同）と捉えて、日本国内の明治国家体制の変革と対外的なアジアを中心とする世界の変革との一体的な構想に、他の右翼思想と異なる独自の特徴を観て取っている。いま一つ、「翼賛体制への同質化」を日本ファシズムの「体制的制覇」の画期的メルクマールとしている。

このように丸山論文は、ファシズム運動を視軸とした小論であるとはいえ、日本のファシズムの諸特質と全体的な輪郭をほぼ的確に析出している。

丸山の日本ファシズム論は、目標とする「全体構造」の究明には未だ遠い、運動を主軸とした点描にとどまるが、今日的にあらためてその功業を継承すべきである。

理論的欠陥

欠損も勿論存在する。

一点として、敗戦直後時点にあって日本の前近代性を重視した。「絶対主義的天皇制」（77頁）、「軍国支配者の精神形態」論文では「絶対主義国家としての日本帝国」（127頁）等、当時圧倒的に支配的であった戦前日本についての絶対主義説に同調しており、ファシズムの体制的制覇とどう関係づけているか、不分明である。「軍部ファシズム」（124頁）の語を用いていて天皇制ファシズムの語は無いものの、講座派マルクス主義の天皇制ファシズム論と共通する一面である。

とはいえ、51年の論文「日本におけるナショナリズム」では、「日本は明治維新における上からの革命に成功してともかく中央集権的民族国家を樹立」（158頁）とするとともに、「頂点はつねに世界の最先端を競い、底辺には伝統的様式が強靭に根を張るという日本社会の構造法則」（161頁）との卓説を示す。程なくして、明治維新を「上からの革命」と捉え「絶対主義」説から転換したのである。

次の点として、「明治以来の絶対主義的＝寡頭的体制がそのままファシズム体制へと移行しえた」（84頁）と、明治時代からの連続性を重視して第一次大戦後の大正デモクラシーと政党内閣の時代について然るべき位置づけを欠いているし、浜口内閣において頂点に達する自由民主主義化の動向を軽視し過小評価している。「浜口及び若槻民政党内閣は、最近の政治史の中で比較的にブルジョア自由主義的色彩を持って〔いたが、〕結局、満州事変後間もなく、安達内相一派の協力内閣運動という内部からのファッショ的動向によって崩れ〔た〕」（85―86頁）というように。

最も大きな欠点は、日本ファシズム運動の時代区分の第二期、満州事変から2・26事件までの時期に「軍部がファシズム運動の推進力とな」り、第三期の2・26事件後の粛軍から、軍部を主力とする「上からのファシズム」支配体制を築く過程に入ったとする把握である。[18]

これによれば、軍部ファシズム運動は満州事変を機に始まり、2・26事件後「上からのファシズム」体制形成へ進展したことになる。また、第一次大戦直後の北一輝等の運動の始まりから第二次・第三次近衛内閣、東条内閣時の「体制的制覇」に達するまでの全時期を通して、ファシズム運動は間断なく発展的に展開されたことになる。更に、桜会とそれによる3月事件と10月事件、血盟団とその事件、陸海軍青年将校グループと彼らによる5・15事件、2・26事件など、右翼急進主義運動はすべからく「急進ファシズム」として性格づけられることにもなる。

こうした丸山の時代区分に無批判的に従って、ほとんどすべての研究者は満州事変や2・

2 6事件以降の政治的変化のことごとくを軍部によるファッショ化の推進として意味づける、ファッショ化史観とでも言えるものに陥ってきたのである。

しかしながら、満州事変から2・26事件へかけての時期、陸軍は国家総力戦・総動員体制の強固な構築と中国への侵攻の拡張を着々と押し進めて、政党や宮中グループの自由主義勢力と対立していたものの、第2章第4節で統制派永田鉄山の現行国家変革路線をめぐって解明するように、ファッショ化を指向していたのではなかった。従って、2・26クーデターの鎮圧での北一輝派などの急進主義的運動の壊滅によって、ファシズム運動は一旦は消滅状態となったのだった。

行き詰まった現行体制の「革新」を推進していた陸軍が「上からの」ファッショ化路線に転じてその推進主力となるのは、いくばくかの年月をおいて、国家総動員法の制定や隆盛するナチス・ドイツとの連携に踏みだす頃からである。

かかる観点から捉え直すと、丸山のファシズム運動分析は、ファッショ化についての過剰認識を含んでいる。上出の第二次若槻内閣での安達謙蔵内相派の「協力内閣運動」に関しての「ファッショ的動向」という誤認も、その一端を証示している。国家総力体制を推進する軍部の国家主義強化運動がどういう状況で超国家主義運動に転化したか、その地点を体制「革新」をめぐる支配諸勢力の多元的な競合、確執の具体的状況を踏まえて具体的に解明することは後代の研究に残されている。

本稿最終章第3節において、丸山の時代区分を改編し、新たな時代区分を示したい。

他にも、ファシズム思想に関して、丸山は北一輝を日本ファシズムの「教祖」（34頁）としておきながら、北の思想・運動についての立ち入った検討はおこなっていない。

この欠落と不可分的に、丸山は日本のファシズム・イデオロギーについて、「家族主義的傾向」（42頁）、「農本主義的傾向」（44頁）、「大亜細亜主義に基づくアジア諸民族の解放という問題」（57頁）を挙げ、「農本主義的思想」について詳論している。だが、それらは、橋川文三「昭和超国家主義の諸相」が的確に批判したように[19]、ファシズム独自の思想を伝統的な国家主義の思想から弁別しえていないものとなっている。

「超国家主義」とは何か

丸山の「超国家主義」概念は後代の研究者によって広く受け入れられ、日本ファシズムの固有名詞として定着した感さえある。だが、これまでの研究においてその正確な継受が果たされていると言い難い。提唱者と継承者の理論的ずれについてはおいおい摘示することとして、丸山説論の要点を掴んでおきたい。

「日本ファシズムの思想と運動」論文では「超国家主義」は取り扱われていない。それに先行して「超国家主義」を題辞に有する「超国家主義の論理と心理」論文がある。課題とされているのは、「超国家主義の思想構造乃至心理的基盤」（11頁）、言い換えると思想（精神）構造としての「超国家主義」の分析である。実際、扱われている内容は、追記で言う「天皇制イデオロギー」（188頁）、「天皇制的精神構造」（189頁）の諸相である。

（軍事）機構的構造としての天皇制の把握に終始した講座派理論に欠落している天皇制の精神的、イデオロギー的構造に関する丸山の開拓的研究は、高い評価を得ている。しかしながら、当論文で取り上げられる「超国家主義」のイデオロギーは、皇道派荒木貞夫「皇国の軍人精神」が例示されているように、天皇を絶対的価値とする権威のヒエラルヒーへの服属であり、ここでも、伝統的な天皇至高主義にたいする「超国家主義」の独自性は描きだされていない。国体明徴運動を経て天皇・国体を至高とする日本主義を組み入れてかたちづくられる日本的全体主義の思想として、日本ファシズムの「超国家主義」の思想を解明することが必要ではなかろうか。

次の点として、同論文は、戦前日本の特性を戦勝国はウルトラ・ナショナリズム、エクストリーム・ナショナリズムと呼んだのを承けつつ、「超国家主義《ウルトラ・ナショナリズム》」「極端国家主義《エクストリーム・ナショナリズム》」（11頁）と表記している。ところが、ナショナリズムは多義性をもつ概念である。少し時機を隔てた「日本におけるナショナリズム」論文では、多義性をもつナショナリズムの邦訳として国家主義と民族主義もしくは国民主義とを区別し、民族主義もしくは国民主義についてはナショナリズムの語をそのまま用いて論議している。この国家主義とナショナリズム（＝民族主義・国民主義）との明別は、「ナショナリズム・軍国主義・ファシズム」論文（1954年）において確認できる。

こうした事柄を読み解くと、46～47年の時点での表記「超国家主義《ウルトラ・ナショナリズム》」は優れて国内面での「超国家主義」を指していたのだった。丸山自身はウルトラ民族主義（国民主義）を主題として詳論することはなかったようだが、日本ファシズムの「全体構造」としては、対内面での「超国家主義」と対外面でのウルトラ民族主義（国民主義）の両面統一としての解明が肝心の課題となる。

丸山ファシズム論の変化

ところで、50年代前半には丸山のファシズムに関する論題は、米ソ対立の高まりを背景に、高度に発展した資本主義体制とファシズムに移り、論調にも一定の変化が見られる。「ファシズムの諸問題」（1952年）において、ファシズムについての一般理論化をおこなっており、「ファシズムは二十世紀における反革命《カウンター・レヴォリューション》の最も先鋭な最も戦闘的な形態である」と規定し「ファシズムは必ず反動である」とも位置づける（250頁）。そのファシズムが対抗する革命は、「二十世紀の革命においてロシアはたしかに先頭をきった」（251頁）とあるように、ロシア革命を指している。

ファシズムの発展については、「上からのファシズムと下からのそれとの」「二つの型」（257頁）に類型化している。その際、ファシズムは「反革命」であり「なんら新しい社会体制ではなくそれを目指すものではない」（268頁）し、「言葉の厳密な意味で下からのファシズムと言うことはありえない」が、しかし「多かれ少なかれ疑似革命的相貌を帯びる」（257頁）

と説いている。

2年後の「ナショナリズム・軍国主義・ファシズム」では、米ソ冷戦の激化したアメリカで進行するマッカーシーイズムにファシズムの兆しを見ており、ファシズム概念をかなり広義に解釈している。そして、ファシズムの背景として「第一次大戦後に資本主義の陥入った一般的危機」（293頁）を挙げるとともに、「ファシズムは帝国主義の危機における『国際的反革命の鉄拳』（ディミトロフ）である」（294頁）などと、コミンテルンの「全般的危機」論やファシズム規定を取り入れている。ボルシェヴィズムについて「膨大な地域に拶る社会主義世界の樹立に成功」（271頁）と、当時の日本左翼と同様の誤った評価も表明している。同年の『政治学事典』（平凡社）の「ファシズム」も、基本的に同じ内容の論説である。

1950年代にはソ連が嘗てなく超大国化しスターリン主義が全盛して、日本の左翼陣営もその巨大な影響下にあり、丸山も例外ではなかった。上記2論文にはコミンテルン理論への親近性が顕出している。ファシズム論としても、退化を示している。

第5節　久野収の「超国家主義」論

北一輝の革命思想の開発

久野収・鶴見俊輔『現代日本の思想』(岩波新書、1956年)に「日本の超国家主義―昭和維新の思想」の章があり、そこでは北一輝の『国体論及び純正社会主義』(1906年。以下『国体論』と略)や『日本改造法案大綱』(1919年。以下『改造法案』と略)が「超国家主義」の原典として論じられている。

丸山は、北一輝の思想の研究を残したままであったし、明治以来の国家主義の伝統との関係では「日本のファシズムの漸進的な性格―前の時代との連続性」を重視し、後年にはファシズムを「反革命《カウンター・レヴォリューション》」「反動」として規定していた。

それらを超脱する形で、久野は北の諸著作を分析し、「伝統的国家主義の腐敗してしまったシステムを、もう一度はじめにもどすことによって、日本に土着した革命を行おう」(125頁)とする「昭和維新の思想」と位置づける。これによって、北一輝の思想・運動研究の新境地を開くとともに、日本ファシズムを「反革命」「反動」と規定する通説的見解を突破する。

久野によると、北の革命思想の伝統的な国家主義からの切れ目を最もよく表しているのは、「伊藤〔博文作成〕の憲法、すなわち天皇の国民、天皇の日本から、逆に、国民の天皇、国民の日本という結論をひき出し、この結論を新しい統合の原理にしようとし〔た〕」(139頁)ことである。

大正・昭和初期の日本の行きづまりを打開しようとして、北の「超国家主義」とは別に、吉野作造の民本主義も同じく明治以来の制度を新しく編成しなおそうとした。双方は、「方向を逆にして」(139頁)「ちがった仕方で」(153頁) 問題を解決する変革の道を追求した。

北のデビュー作『国体論』は、天皇主権、万世一系の国体論を否認し、国家主権、天皇機関説の発想に拠って「国民の天皇、国民の日本」を「新しい統合の原理」に据えた。この著論を、松田道雄「日本およびロシアの初期社会主義」(桑原武夫編『ブルジョワ革命の比較研究』筑摩書房、1964年、所収) のように、日本の土着的な初期社会主義思想と見做すこともできる。

だが、久野が後に「超国家主義の一典型―北一輝の場合」論文において、「北の〝転向〟と呼ばれても仕方のない〝飛躍〟」「後年のファッシズム化」に言及するように[20]、北の思想は中国革命に加わる体験を積んで書いた『支那革命外史』(1915〜16年) 後半部以降、国家主義的に傾動していった。北の革命思想については、デビュー作以降の著論における屈曲を踏まえて、その性格を掌握することを求められる。

「超国家主義」論の展開

久野は北の思想の劃期的な革命性を発掘した。けれども、その全体像の把握をめぐって疑念が生じる。「国民の天皇、国民の日本」を指向する北の思想を「超国家主義」として論立する根拠は何であろうか。

北の革命思想の真髄を示す『改造法案』は、「天皇ハ全日本国民ト共ニ国家改造ノ根基ヲ定メンガタメニ天皇大権ノ発動ニヨリテ三年間憲法ヲ停止シ両院ヲ解散シ全国ニ戒厳令ヲ布ク」

(『北一輝著作集第二巻』みすず書房、1959年、221頁)と、天皇大権の発動によるクーデターの革命方式を打ちだすとともに、「剣の福音」を得て「亜細亜聯盟ノ義旗ヲ翻シテ真個到来スベキ世界聯邦ノ牛耳ヲ把〔ル〕」(220頁)日本大帝国主義を唱導した。

北は明治以来の伝統的国家主義をどのように変革せんとしたのか、久野による「超国家主義」分析の主要点を検討しよう。

一つは、明治国家の頂点に君臨する天皇支配に関して「顕教」と「密教」の二様性を析出した久野の秀抜な論点と関係する。

「顕教とは、天皇を無限の権威と権力を持つ絶対君主とみる解釈のシステム、密教とは、天皇の権威と権力を憲法その他によって限界づけられた制限君主とみる解釈のシステムである。はっきりいえば 国民全体には、天皇を絶対君主として信奉させ、この国民のエネルギーを国政に動員した上で、国政を運用する秘訣としては、立憲君主説、すなわち天皇国家最高機関説を採用するという仕方である」(132頁)。伊藤博文等が苦心して創りあげた明治の国家は、このような天皇の権威と権力の「顕教」と「密教」の二様の巧妙な使い分けの調和的運営のうえに成り立っていた。

この解析は、天皇制絶対主義論が定説扱いされている時代環境のなかにあっては特に、傑出している。

「北のくわだてたのは、密教による顕教征伐であった。上からの官僚的支配のシンボルとなった天皇を、下からの国民的統一のシンボルにたてなおすことであった」（149頁）。言い換えると、「天皇の国民」を「国民の天皇」に造りかえることであった。

だとすると、それは、明治の国家主義の自由主義化ないし民主主義化であり、「超国家主義」化ではないだろう。この点では、北の思想を「超国家主義」と規定するのは不適切である。

いま一つは、『支那革命外史』の「革命的大帝国主義」（『著作集第二巻』、3頁）や『改造法案』の「太平洋岸の群島に築かるべき革命大帝国」（356頁）の宣明である。『改造法案』の「巻八　国家ノ権利」のなかでは、「不義ノ強力ニ抑圧サルル他ノ国家又ハ民族ノ為メニ…則チ…印度ノ独立及ビ支那ノ保全ノ為メニ」、また「不法ノ大領土ヲ独占シテ人類共存ノ天道ヲ無視スル者ニ対シテ…則チ…豪州又ハ極東西比利亜ヲ取得センガタメニ其ノ領有者ニ向テ」――つまりイギリスとロシアにたいして――開戦する権利（272頁）を先唱した。北の思想は後代の大日本帝国主義を先取りしていた。

これは、久野によると「昭和の超国家主義の本領」（178頁）である。

北の革命思想の「本領」がここにもはっきりと示されているのは疑いない。先進帝国主義列強に対抗して戦争による領土拡張を日本国家の神聖な権利として鼓吹し、日本的ウルトラ・ナショナリズムを発揚した。「まさに太平洋戦争の予言」（179頁）であった。北の革命思想の非凡さの証左であったが、彼の思想信条とは真逆に大日本帝国の革命的改造ならぬ破滅をもたらすものであった。

ここで久野は、対外的なウルトラ・ナショナリズムと対内的「超国家主義」とを区別せず、双方を包括して「超国家主義」と表現している。久野の「超国家主義」は、優れてウルトラ・ナショナリズムを意味すると解される。

北の思想が「超国家主義」とされている内容は、大きくは以上の二つである。そのいずれも「超国家主義」と概念規定すべき根拠として当を失している。前者は国家主義のウルトラ化ではなくその逆方位であるし、後者ではウルトラ・ナショナリズム（民族主義）が「超国家主義」として表明されている。

北の革命思想の歴史的性格はどのように規定されるのが相応しいだろうか。それは課題として残しておいて、ここでは、「超国家主義」をめぐっての久野の丸山との相違に限って議論を進める。

所説の欠陥

久野説の問題性は、「超国家主義」の終焉に関する次の記述によく示されている。「『2・26事件』の失敗と北、西田の銃殺とは、昭和の超国家主義がついに明治以来の国家主義に屈服し、併合されたことを物語った。その後の戦争の歴史は、天皇を頂点とする制度的国家主義が……軍部を推進力として遂行されたもの」（181頁）。

久野は丸山「超国家主義」論を読み替えている。もしくは読み間違えている。

第一点として、丸山にあっては、「超国家主義」は思想、運動、体制の諸契機からなる総合概念であったし、北の思想から近衛内閣・東条内閣の施政にいたるまでを射程に入れていた。一方、久野においては、「超国家主義」は、北をはじめとする「昭和維新の思想」、その運動として、２・２６事件まで存在したにすぎず、伝統的国家主義の前に敗退した。「超国家主義」の体制は成立せず、以後の戦時期の国家は伝来の国家主義の延長とされる。

しかしながら、「超国家主義」は軍部の主導下で「伝統的国家主義」を超え出る特有の姿を形づくり日本を支配した。２・２６事件前後の陸軍内主導権争いで「天皇絶対主義」の皇道派を制した統制派は、丸山によって「もっと合理的で悪くいえば天皇を利用して自分のプランを上から実現していく」と分析されたように、国体明徴運動にのっかかって天皇を神格化・絶対化さえして国民大衆を糾合する切り札として活用しながら、自らは天皇を機関として扱う。その統制派軍部を主力として、明治以来の伝統的国家主義を思想、運動から体制にいたるまで改造して極限化する「超国家主義」が、ウルトラ・ナショナリズムと手を携えて進展し、戦中日本を制覇するのである。

２・２６事件によって「超国家主義」は「明治以来の伝統的国家主義に屈服し、併合され」、「その別働隊の役割を演じる」（１１９頁）とする把握は、久野の分析の大きな欠陥をなしている。

第二点として、「革命的大帝国主義」、大日本帝国主義を鼓吹する北の革命思想は、ウルトラ・ナショナリズムの思想的源流として生きて作動し続けて軍部によって再生され、アジア・太平洋戦争としていわば全面実現したと見做すことができる。これは久野の論じる通りである。

このウルトラ・ナショナリズムは「超国家主義」と一対をなして、日本ファシズムの外政と内治の両面を構成した。ところが、久野はこの両面を「超国家主義」として概念的に一括してしまい、日本ファシズムの全体構造をめぐっての丸山の事績を一面的に収縮させている。(21)

久野は後年の「北一輝―革命の実践家」(1963年)では、『国体論』からの『改造法案』の「実に大きい…距離」を「国法の中の天皇から、天皇の中の国法への〈天皇観の〉変質」(22)として明らかにしている。

久野の北一輝日本改造論の生彩に溢れた論点と、丸山の軍部ファシズムの特質を描出した論点とを交互媒介的に止揚し、継承する必要がある。

丸山と久野の所論を摂取して、国内面で「超国家主義」の体制への「同質化」、ならびに対外面で大日本帝国主義によりアジアの盟主たらんとする「ウルトラ・ナショナリズム」の追求、これを日本におけるファシズム〈体制〉化の基幹線として設定することができる。

第2章　急進主義的ファシズムの思想、運動

第1節　北一輝の革命構想と実践

『日本改造法案大綱』

『日本改造法案大綱』（19年に原題『国家改造案原理大綱』として出版、23年に改題）は、「巻一　国民ノ天皇」で日本改造の基本線を、「巻二　私有財産限度」「巻三　土地処分三則」「巻四　大資本ノ国家統一」「巻五　労働者ノ権利」「巻六　国民ノ生活権利」「巻七　朝鮮其他現在及ビ将来ノ領土ノ改造方針」「巻八　国家ノ権利」でその個別具体的指針を明らかにする。

日本改造に向けての指針の枢軸は、『支那革命外史』と合わせて、次のごとくである。

「国民ノ総代表」（222頁）たる天皇を奉戴したクーデターにより憲法を停止し国家の改造を断行する。「国民ガ本隊ニシテ天皇ガ号令者」であり「権力乱用ノクーデターニ非ズシテ国民ト共ニ国家ノ意志ヲ発動スル」（226頁）。クーデターでは、兵役経験があり「兵卒ノ素質ヲ有スル労働者」「在郷軍人団」（230頁）が国家改造内閣に直属して実働する。

「国民ニ自由ノ覚醒完カラザル間、革命ノ或ル期間ニ於テ反動的勢力ガ必ズ議会ト世論トニ依リテ復活ヲ死力的ニ抗争ス」(155頁)るのにたいして、「少数革命家ノ専制的統一」(153頁)が避けられない。

国家改造によって、両院に拠る貴族と富豪階級の抑圧、華族制ならびに貴族院の廃止、皇室財産の国家下付、25歳以上男子普通選挙権、治安警察法・新聞紙条例等の廃止による国民の自由の恢復、等々をおこなう。

革命後の国家では、私有財産は一人300万円まで、私企業は1000万円までに制限し、限度超過分は無償で国家に没収する。土地所有についても上限を設定し、それを超えれば国家に没収して国家経営とする。皇室財産の国家下付も実施する。

国際的に、日本は海外領土に乏しく「国際間ニ於ケル無産者ノ地位」(273頁)にあり、人口過剰でもある。その日本が、世界大富豪の先進欧米列強にたいし彼らが独占する広大な植民地の一部を、戦争に訴えてでも奪取して「革命的大帝国」を建設し、「亜細亜の盟主」(111頁)となり、呻吟するアジアの諸国を解放し扶導するのは、正当な「国家ノ権利」(268頁)に属する。「戦ナキ平和ハ天国ノ道ニ非ズ」(281頁)。

軍事クーデターによって旧来の特権的体制を打破し自由化、民主化するとともに土地や生産機関の国家所有化をも導入する国家改造、ならびに先進帝国主義列強に挑戦する日本大帝国主義、こうした内政と外政の結合による日本革命と世界革命の連動という壮大な桁外れのスケールの変革構想を、北は案出し提示したのであった。

北の革命思想は、明治以来の伝統的な国家主義思想、右翼思想はもとより、山路愛山、高畠素之らの新興の国家社会主義思想をも超出し、第一次大戦後の民主主義化、社会主義化の世界史的動向へ対応しつつ、日本とアジアの変革再編を展望していた。

『国家改造案原理大綱』が発刊された時、原敬内閣はこの書を発売禁止処分に付した。

日本ではほぼ時を同じくして、社会主義、共産主義の革命思想が、１９２２年の（第一次）日本共産党綱領をはじめとして進出する。だが、それらは外来思想の直輸入という性格を免れず土着的創造性を欠いていた。それに比べて、『改造法案』は独創的であり、「よきにつけあしきにつけ、日本人自身の手によってなった最初の革命綱領としての重さ」（久野「北一輝―革命の実践家」、２７６―２７７頁）を有していた。

それは、ある種の革命思想であるのは紛れもないとして、自由（民主）主義のブルジョア革命の思想ではないし、社会主義的なプロレタリア革命の思想でもない。

国内の国家改造に関しての天皇大権発動による憲法停止、戒厳令のクーデターという軍事革命方式は、１９２０年から中部イタリアでスクァードラによる直接行動主義を激しく繰り広げて発展をとげ２２年ローマ進軍によって政権を奪取したファシズム、敗戦後の激動が続くバイエルン地方で突撃隊を発展の動力として１９２３年ミュンヘン一揆に決起しベルリン進軍を企てた初期ナチズムと同位性がある。いずれも、武力的な直接行動による国家の改造の企てである。

私有財産・私有地・私人生産業に限度を設け超過分は国家の所有とする「国家社会主義」的方策をとり、既存資本主義機構の批判、修正を企図することでも、ある種の修正資本主義としてファシズム、ナチズムと類縁する。

対外膨張主義的な「革命的大帝国主義」の宣揚は、先進帝国主義列強のヴェルサイユ＝ワシントン体制の打破を追求するイタリア・ファシズムやドイツ・ナチズムと同一性を備えており、現存世界秩序に挑戦する後進帝国主義国としてのウルトラ・ナショナリズムを示す。

このような北の革命思想をもって日本におけるファシズム革命思想の形成と見做し、これを日本ファシズム思想の源流と位置づけることができる。

ところで、北の革命思想は、「下から」のそれに徹しているとは言えなかった。彼は中国革命運動への参加体験やナポレオン、レーニンなどの革命運動の観察に基づいて、古今をつらぬき東西を通じる革命の原則として、革命が軍隊運動によることを掴みだした。軍隊に主力を据えた革命方式において、上層の将官ではなく下層の士官を主体としたので、軍隊の内部での下から反乱、下克上の傾向をもつとはいえ、既存国家の軍事権力の活用による方式、クーデターの示唆であった。『改造法案』において打ちだしたのも、天皇を奉戴して在郷軍人団が遂行するクーデターであった。

これは、「下から」の革命思想の変形であり、「上から」の革命の要素を取りこんでいた。

ちなみに、北は『支那革命外史』を、時の首相大隈重信以下の権力者達へ対中国政策の変更を献策する「建白書」として刊行した。日本はなお前民主主義的政治状況にあったし、広く大衆に訴え大衆の力を組織化して国策の変更を迫ったのではなかった。

歴史認識

続いて、『改造法案』以降の諸稿に示された当代の世界の動向に関する北の歴史認識を一覧する。

「ウィルソンは『未来の意味における時代錯誤』である」。「固より国際聯盟の如きは，大馬鹿者の喜劇として残さるゝに過ぎぬ」（「ヴェルサイユ会議に対する最高判決」、『著作集第二巻』、２１１頁）。アメリカ大統領ウィルソンの民族自決主義の提唱や国際連盟の発足の新しく生まれてきた歴史的動向を、北はこう冷笑的に否認する。(23)

北において帝国主義はまさしく「国家正義」である。大陸侵攻の発端満州事変が勃発すると、「屈辱外交此機に及ひ一掃せられたし」（松本健一編『北一輝霊告日記』第三文明社、１９８７年、１０７頁）と、満州全域への戦闘拡大、国際協調外交排撃を呼号した。

彼は一面で、躍進目覚ましいアメリカとの戦争は避けるべきとする現実的な歴史感覚は有していた。しかし、歴史認識の基本において、民族自決、国際条約・国際機関による帝国主義的争闘の調整といった世界の歴史の最新の発展傾向を洞察できず、旧套を脱しなかった。第一次大戦が示したように、原料や市場を求めての植民地建設、勢力圏分割、そのための戦争は、先進強国の当然の帝国主義的属性とされてきた。だが、国際聯盟の活動は、国際紛争の平和的解決を図って戦争に訴える「権利」に制約を課す、これまでになかった流れを生んでいた。北のような歴史の見誤りは、日本大帝国主義の実践を破局へと誘導する要因として作動する。

一介の革命思想者として、北は現況から飛翔しアジアの盟主として屹立するウルトラ・ナショナリズム日本を力強く予描した。20年程の歳月を経て、対中国戦争の長期化し泥沼化した状況に迫られた日本の国家指導者達は、ドイツ、イタリアの世界支配の野望と連携して「大東亜共栄圏」を掲げ、北の提唱せるウルトラ・ナショナリズム思想を後追いする。2・26事件の叛乱の首魁の罪を着せられて北は刑死していたが、彼が遺した「日本大帝国主義」のファシズム革命思想は再生する。

実践活動

北は、19年末に中国から帰国して同年8月に満川亀太郎、大川周明が結成していた猶存社に迎え入れられ、日本帝国の改造とアジア民族の解放を旗幟に運動した。爾後、37年8月に2・26事件の責任を負わされて処刑されるまで浪人として過ごした。

21年9月、神州義団団長朝日平吾が安田財閥の当主安田善次郎を刺殺した。彼が斬奸状で訴える大正維新の実行スローガン、「奸富ヲ葬ル事」「普通選挙ヲ実現スル事」「世襲華族世襲財産ヲ撤廃スル事」「土地ヲ国有トナシ小作農ヲ救済スル事」などの九項目[24]には、『改造法案』の影響が明白であった。安田暗殺事件の影響をうけ、一か月ほど後には現職首相原敬が中岡良一に暗殺された。北の革命思想は、まずはテロリストに反響を呼び起こした。しかし、その革命思想は突出していて、実践運動としては大衆的な基盤を築きえず閉塞する。

23年6月のソ連外交官A・ヨッフェ来日に際し批判する北と支持する大川・満川に対応が分れ、猶存社は解散した。

25年の安田生命争議に北と大川はそれぞれ争議団側と会社側に立って介入し、反目して袂を分かった。北は他にも十五銀行怪文書事件（25年）、宮内省怪文書事件（26年）、朴烈・文子怪写真事件（26年）などを起こし、スキャンダル暴露によって権力者から金銭を強請り取る政治ゴロ的な活動をもっぱらとした。

安田生命争議事件を機に、西田税が北の片腕となり北・西田派の組織者として活躍するようになった。27年7月、元陸軍中尉の西田は天剣党規約を作り青年将校へ働きかけた。「天剣党ハ、軍人ヲ根基ト…スル国家改造ノ秘密結社ニシテ、『日本改造法案大綱』ヲ経典トセル実行ノ剣ナリトス」[25]。

30年のロンドン海軍軍縮問題で国論沸騰のなか、かの「統帥権干犯」なる新語を造りだしたのは、北だという。北は「統帥権干犯」を喧伝して、浜口内閣打倒を画策する黒幕として軍令部長加藤寛治や政友会切っての親軍派森恪と結託して暗躍した。政党内閣を撲滅する計画の一階梯として、民政党内閣を倒し政友会内閣を擁立しようとした。

このように、北は現行支配権力者である軍人や政治家、財界人と接点をつくり、彼らへの影響を拡げる形で活動した。

31年10月に桜会などが軍政府樹立を目論んだクーデター未遂の10月事件に、北・西田派も加わった。

32年、犬養首相暗殺などの5・15事件の際、急進主義的右翼の内部対立で西田税が銃撃されたのを機縁に、北は後に2・26事件に決起する陸軍の青年将校達と接するようになった。また、「この年より盆暮に三井財閥の池田成彬より金送らる」(「年譜」、『著作集第三巻』、667頁)。財界首脳に寄生して手にした大金で悠々の生活をした。

北は青年将校たちの一部に心酔されるようになり、教祖的存在と目されるようになった。だが、右翼革命運動全体のなかにあって、行地社の大川周明、桜会の橋本欣五郎、血盟団の井上日召などを凌ぐ指導者として運動のヘゲモニーを握ることはできなかった。

彼は妖気を漂わせる神がかり的な霊告によって特異な存在を誇示した。

36年2・26事件に北は直接的には関与していない。北自身は血気にはやる隊付青年将校達を激励しつつも、時期尚早の決起の抑制を促す態度であった。決起自体は隊付青年将校達の謀議によるものであった。しかし、北は「蹶起趣意書」に手を貸し、決行後の27、28日には決起部隊幹部に電話であくまで初志貫徹に努めるべき旨の意見を伝えた。

概観したように、北一輝の真骨頂は三つの著論の絢爛たる文体による独創的な革命思想にあった。その後の実践運動に本領を見ることはできない。北はずばぬけた思想と貧相な運動との大きな落差のなかで生涯を送った。政治における思想と行動の乖離は常則とはいえ、その際立った姿を北は示している。

北は革命思想家であっても革命運動家たりえず、革命家としてはいびつであった。そのことは、日本における原生ファシズムの孤立性を物語る。

第2節　陸海軍青年将校の急進主義的運動

満州事変

1931年8月に全国の急進主義的右翼運動家40名ほどが「郷詩会」なる会合に集い、連携を申し合わせた。民間の西田税、井上日昭、愛郷塾橘孝三郎ら、軍人では陸軍の菅波三郎他、海軍の藤井斎、古賀清志他である。時あたかも満州事変の前夜であった。なお、西田と親交関係にあって海軍内で王師会を組織した藤井の書簡[26]によれば、前年5、6月には陸・海軍の急進主義的分子の提携は始まっていた。

陸軍では満蒙問題をどのように解決すべきかについて、中堅幕僚のなかで意見は分かれていたが、問題解決のために武力発動を必要とする意向は、現地の関東軍だけでなく陸軍省・参

謀本部内にも浸透していた。(27)

31年9月、関東軍は参謀石原莞爾中佐らの謀略により柳条湖で鉄道を爆破し、これを中国側の仕業だとして直ちに満鉄沿線の主要都市を軍事攻撃し占領した。満州事変は、決行者達の思惑――満州を一撃して支配下に収め、その衝撃を及ぼして国内体制の変革をも狙う――通り、日本の政治・国家を急転回させた。

民政党若槻首相・内閣は、戦局不拡大を決定した。だが、関東軍の独走、それを支援する朝鮮軍の独断越境出兵について、これを致し方ないとして承認し、結局のところ満州事変を既成事実として追認した。

1928年6月の張作霖爆殺事件に続いて満州事変でも、出先機関関東軍が独断専行し、それを陸軍中央のみならず、内閣も追認する結果となった。以降、現地の陸軍が本国政府からの掣肘をかいくぐって独走、強行突破し、陸軍中央、内閣はそれに引きずられてお墨付きを与える事態が繰り返されることになる。

満州事変を区切りとして政府は軍にたいする統制力を失った。それとともに、対外問題を軍事的手段によって解決する方式が支配的となっていった。

新聞やラジオは、号外、臨時ニュースを流し、軍部の発表のままに戦況報道を競い合った。「支那軍満鉄線を爆破　わが守備隊を襲撃す」(『東京日日新聞』9月19日)、「奉軍満鉄線を爆破日支両軍戦端を開く　我鉄道守備隊応戦す」(『東京朝日新聞』9月19日)、「燦として輝くわが軍の威容」（『大阪朝日新聞』９月２０日）などと、中国への憎悪をあおり日本軍の奮戦を讃えた。購読者、聴取者は急増し、関東軍による鉄道爆破、中国人犯人のでっちあげを完全に隠蔽して、原因を中国の暴虐に転嫁し、関東軍の軍事行動は正当な自衛措置だとする虚構が、マス・メデイアにより作りあげられた。

謀略を知らされなかった国民大衆は、新聞や新たなメディアとして普及しだしたラジオの報道を真にうけて、暴虐にも満鉄線を爆破し日本の利益と権利を奪い取らんとする中国への敵意を燃やし、「暴支膺懲」を口々に叫んで日本軍の「正当防衛」の戦闘に熱狂した。排外主義的なナショナリズムの世論が沸きたち、在満軍隊を支援する慰問や献金の全国民的な運動が各地に巻き起こっていった。(28)

軍部とマス・メデイアと国民大衆の〝挙国一致〟が、ほどなく政党内閣が終焉して出現する「挙国一致」内閣に先立って形成された。

若槻首相や幣原外相は、関東軍による事変の更なる拡大を食い止めようと懸命に努めた。しかし、武力による満蒙権益の確保・拡張を宿願とする強硬路線の軍部、折からの世界恐慌の波及により困窮し生活苦に喘ぎ活路を求めて対外膨張主義の感情を高進させる大衆など、「満蒙は日本の生命線」（前満鉄副総裁・政友会議員松岡洋右）とする滔々たる時流に押し流されていった。

３１年１２月、若槻内閣は総辞職、政友会犬養毅内閣が成立した。翌年2月の総選挙では、政友会は総議席の6割5分に近い空前の議席数を獲得し、民政党は大敗した。

関東軍は陸、海軍中央を掌握しつつある皇道派、艦隊派と組んで、北満のチチハル、南満の錦州へと占領地域を拡大するとともに、32年1~3月上海事変によって中国との戦闘に更に突き進んだ。犬養内閣は満州事変の拡大を容認したとはいえ、関東軍の独走の抑制、国際条約の遵守を図り、3月に建国宣言された傀儡国家・満州国の早期承認にも慎重であった。

右翼急進主義運動の激発

北・西田派や大川派等の民間ファシズム運動は捗々しくなかったが、陸海軍において青年将校の急進主義的運動が生まれるとともに、急進主義的右翼は合流し満州事変により急角度に転回する時勢に乗りながら行動を激発させた。

本節冒頭部に挙げた急進主義的右翼運動家の面々はそれぞれに、10月事件、血盟団事件、5・15事件、2・26事件の相次ぐテロ、クーデターの指導者として活躍した。

既に31年の10月事件に先んじて、桜会急進派橋本中佐と大川周明が首謀し陸軍中央の将官も引き込んでクーデターを企てたものの、首相に担ごうとした陸軍大臣宇垣一成の反対で未発となる、3月事件が起きていた。

10月事件・「錦旗革命」では、満州事変に呼応し、事変不拡大方針をとる若槻内閣を威嚇する形で、桜会橋本らと大川周明を中心に、北・西田、井上日昭の一派も加わり、閣議の席を急襲し首相以下の斬殺、警視庁の占拠などにより軍政府を樹立するクーデターを策謀した。計画は3月事件よりも大規模で具体的となっていたがやはり杜撰だったので露見し、橋本らが逮捕され未遂に終わった。

急進主義的右翼の面々は、桜会幕僚将校の権勢欲や大言壮語を嫌いこれに見切りをつけて、自らが突撃隊となり新たな局面を開かんとした。

血盟団事件が、その第一陣であった。深刻な経済不況、とりわけ農村の窮乏のなかで、金解禁に便乗したドル買いにより巨利をむさぼった大財閥にたいする世人の反撥を背に、井上日昭の影響下の青年が、「一人一殺」で、32年2月井上準之助前蔵相を、3月団琢磨三井合名理事長を射殺した。政財界や天皇側近の巨頭達の暗殺計画の一部の実行であった。

急進主義的右翼のなかでは井上日昭は行動右翼のテロリストであり、血盟団事件は過激化した行動右翼のテロリズムの実行として位置づけられよう。

5・15事件がすぐ後に続き、井上と連絡を取り合ってきた古賀清志ら海軍隊付青年将校が決起した。愛卿塾農民も加わった。しかし、陸軍青年将校は犬養内閣陸相に就任した荒木貞夫を支持しており、自重論をとって同時決起の要請を拒んだ。陸軍からは士官候補生が参加した。

決起者の一団は、官邸を襲って犬養首相を殺害した。浜口に続いて二大政党党首の首相がテロにより葬り去られ、政党政治は大打撃を蒙った。警視庁、牧野伸顕内府邸、政友会本部、変電所をも襲撃した。加えて急進主義的右翼の内部対立から、陸軍青年将校と結びつきの強い西田税を銃撃した。当初の目論見どおりの決行はできなかったが、ファシズム運動としての性格を有するクーデター的な色合いを帯びた一斉テロであった。

海軍青年将校の急進主義的運動は弾圧を受けて衰滅していった。ところが、事件1周年を機に、陸・海軍省は青年将校らの純粋無垢の心情を大宣伝し、公開された公判で被告らはロンドン軍縮条約締結による統帥権干犯や国防の危機や農村の窮状への義憤を陳述、それを新聞・雑誌が美談に仕立てて報道したことで、被告減刑運動が在郷軍人会や町内会を通じて全国で行われ100万人を越える署名が集まった。軍部は積極的な宣伝活動に力を入れ世論の喚起を図るようになっていた。

5・15事件後急進主義的右翼の直接行動は下火になったが、2・26事件まで4年近い歳月の間に、満州事変、上海事変を機にした排外熱、軍国熱が一気に高まった。

街頭では軍歌が流れ、出征兵士のための募金、献金や千人針が流行した。特に上海事変の戦闘で爆死した3名の一等兵が肉弾三勇士としてマスコミ挙げての報道で熱狂的な反響をよび、膨大な応募による歌が作られ各社の競い合いで映画が製作された。

1910年に結成されていた在郷軍人会は、陸軍大臣監督下にあって、予備役兵と補充兵によって年々増大し300万人にも達する会員を擁し、全国に本部から末端の市町村分会にまで系列化された機構を備えており、満州事変でも満蒙権益擁護運動の先頭に立ち、軍事的な思想・運動の普及、大衆の動員に目覚ましく活動した。32年に庶民的な婦人組織として大日本国防婦人会も結成され、全国に拡大していった。

世相は軍国主義の時局を迎えた。軍国主義とは、戦争準備ないし戦争を第一義として軍事的価値に政治、経済、教育、文化など国民生活の他の全領域を従属させるような思想と行動の様式の謂いである。(29)

満州事変を転機に、大衆社会はナショナリズム、軍国主義に覆われた。

その一方で、右翼団体によるテロ、クーデターの策動は止まず、３２年8月には若槻民政党総裁、３３年１１月には鈴木喜三郎政友会総裁それぞれの暗殺（襲撃）計画が発覚し、３３年7月クーデターを企図したが未遂に終わった神兵隊事件があった。官憲のテロリズムも激しく、特別高等警察により３２年１１月共産党中央委員岩田義道、３３年2月プロレタリア作家小林多喜二が拷問され殺害された。

陸軍の内部抗争

５・１５事件を転機に、政党内閣に代わって、海軍の長老斎藤実内閣が生まれ、同じく予備役海軍大将岡田啓介内閣がこれを受け継いで、軍部、官僚、宮中グループ、政党が対立を抱えながらも協力しあう「挙国一致」内閣の時代が始まった。

陸軍の急進主義的な隊付下級青年将校達は、一夕会に集まった中堅エリート幕僚達とともに、政友会犬養内閣で陸相となった皇道派荒木、荒木が参謀次長に据えた真崎甚三郎を支え、荒木内閣の実現を目指した。荒木は天皇・国体を至上とする皇道を高唱し、政党政治、国際協調に反対であった。特に急進的青年将校グループは荒木・真崎の行動隊的存在となり、荒木・真崎は彼らを庇護し自派の勢力誇示に役立てた。

32~33年には、荒木・真崎は、5度にわたって陸相を務めてきた宇垣の系統を強引な人事で更迭し、陸軍中央要職を皇道派で固めた。宇垣は陸軍を率い、軍備近代化、国際協調、政党政治への協力の路線で強いリーダーシップを揮ってきていた。

皇道派の天下は、だが、荒木が高橋是清蔵相の健全財政に抑え込まれて陸軍力増強を果たせないなどで声望を失墜し、34年1月に陸相を辞任、林銑十郎に交代、3月には一夕会のリーダー的存在の永田鉄山少将が陸軍省実務トップの軍務局長に就任したことで終った。

一夕会の幕僚のうち永田らのいわゆる統制派は、後述する「漸進的合法的」な「維新」の路線を定めて、軍中央が軍内を組織的に統制しつつ、陸相をつうじて政府を動かす方針であり、下級の隊付青年将校達にたいしては急進的動きを許さず弾圧する姿勢をとった。

今度は統制派によって皇道派が次々に追われた。35年7月真崎教育総監も罷免され、皇道派幕僚将校の左遷は36年2・26事件後の粛軍人事まで続く。統制派は次第に省部中枢の主要ポストを占めて陸軍の実権を握り、陸軍の要望を内閣に実行させそれをつうじて国家「維新」の取り組みを進める。

急進的な青年将校グループは、陸軍中央で皇道派、統制派、宇垣系が三つ巴で暗闘するなかで、独自の動きを続けた。３３年１１月開かれた統制派幕僚と青年将校の会合は決裂し、対立は決定的となった。３４年１１月には陸軍士官学校事件が起き、青年将校の中心メンバー村中孝次大尉、磯部浅一一等会計他がクーデター計画の嫌疑で逮捕され、両人は免官された。青年将校や皇道派と永田ら統制派との抗争は抜き差しならないものになった。

３５年８月に皇道派矯激分子相沢三郎中佐が永田軍務局長を斬殺する衝撃的な事件が発生し、急進的青年将校達を発奮させた。

同年１２月青年将校の多くが所属する第一師団の満州移駐が発表された。青年将校達は満州に出征する前に志を遂げんとする。

３６年２月２０日の総選挙において、天皇機関説排撃で活躍した政友会が敗北――前回３２年２月総選挙の大勝で得た議席３０３から１７１に激減――し民政党が躍進――議席１４４から２０５に伸長――したことも、計画の決行を促したであろう。「ニューヨーク・タイムズ」紙などの特派員記事は、この総選挙結果が引き金となったと報じている。

この間、政党の地位低落、衰退につれて、政党指導者よりも元老や宮中グループが軍部を掣肘する存在として目立つようになっていた。元老や宮中グループは、ロンドン海軍軍縮問題、満州事変に関して国際協調を重視し、天皇機関説排撃・国体明徴問題運動にたいしも批判的であったし、陸軍内派閥抗争での真崎教育総監罷免を歓迎した。そうしたことから、海陸軍内からの批判が強まっていたし、天皇の重臣・側近達が「奸臣」としてテロの狙い撃ちの対象にされる。

2・26事件

およそこうした経緯のなかで、急進的青年将校達が率いる部隊が決起するクーデター、2・26事件が組織され、右翼急進主義運動のクライマックスとなった。

野中四郎他同志一同名になる「蹶起趣意書」は、維新による「国体の開顕進展」の秋にあたり、「国体破壊の元凶」である「元老、重臣、軍閥、官僚、政党等」の「誅戮」を決起の大義として掲げた。直接的な目標は、「国体破壊の不義不臣」たる「君側の奸臣軍賊」の「斬除」であった。(30)

青年将校達の急進主義的思想は、軍縮への怒り、金権的性格を強めて政争に明け暮れる政党政治への不満・不信、恐慌のなかでも私利追求に走る大資本・財閥にたいする憤懣、慢性的な不況下での子女の身売りや欠食児童に象徴される農村の疲弊や農民の窮乏を痛む心情、等々を共通のベースにしていた。

そのうえで、彼らの現行国家改変に関する思想には幅があった。その傾向を大別すると、皇道派荒木・真崎を担ぎ伝統的な右翼の系列に連なる国体原理派と北・西田の影響を受けた新手の国家改造派になろう。(31) 国家改造派にあっては、青年将校達に理解のある新内閣の成立が要求に加わっていた。そうした相違を抱えながらも、彼らは「蹶起趣意書」が示す大綱で一致結束し維新断行に立ちあがったのだった。

決起部隊総員約1500名は8隊に分かれて一斉に行動し、首相官邸を襲撃し岡田啓介首相を殺害――殺害されたのは首相秘書と後に判明――、高橋是清蔵相と斎藤実内大臣をそれぞれに襲撃殺害、鈴木侍従長を官邸に襲い重傷を負わせた。陸軍教育総監に就任し天皇機関説を弁護した渡辺錠太郎をも襲撃殺害した。牧野伸顕前内務大臣を襲撃したが逃れられ、元老西園寺公望襲撃は中止となった。そして、首相官邸、陸相官邸陸軍省、警視庁など、永田町一帯を占拠した。近代日本史上初めての大規模なクーデターであり、事態の収拾までに4日間を要した。

重臣の殺害に怒る天皇の強硬な鎮定の意思を押し立てて、木戸幸一内大臣秘書官長などの宮中グループは決起部隊を討伐することを決めた。海軍も制圧態勢を整えた。指導部に青年将校に同情する皇道派の将官が多く存在していて陸軍中央は、揺れ動き躊躇があったものの、鎮圧に決していった。

青年将校らは幾つものルートで上部工作に手を尽くし、軍事参議官となっていた真崎らも宮中工作を凝らしたが、国家改造派が目論んだ暫定内閣の成立にいたることはなかった。

軍当局は戒厳の緊急勅令を布告し戒厳司令部を設けたうえで、決起部隊を撤退＝原隊復帰させる奉勅命令を実施、「叛乱軍」として戒厳部隊により重包囲して鎮定した。決起部隊は解体され帰順した。

2・26事件の性格を、どのように捉えるべきであろうか。

国体原理派と国家改造派それぞれの青年将校は、共に結束してクーデターの主力を担った。北・西田の影響下にあって『改造法案』を信奉しその実践を志した者は、青年将校22名のうちでその数は相対的に少なかったが、(32)クーデターにおいてとりわけ積極的で主導的役割を果たした。思想面を問えば、国体原理派が天皇・国体を絶対化するのにたいし、国家改造派は国体論批判、天皇機関説という大きな溝が潜んでいた。それゆえ、討奸後の対処として、維新への捨て石となればよしとする前者にたいし、後者は政権奪取への第一段階となる暫定内閣の成立を追求するという違いが発生するのが避けられなかった。

クーデター決起は、全体が即ファシズム運動ではなくて、国体原理主義運動とファシズム運動の融合した武力爆発であり、「蹶起趣意書」とその実行としての政府首脳陣の襲撃・殺戮はその最大公約数を示していた。大勢としては「尊王討奸」の国体原理主義的運動の形姿で推移したが、国家改造のファシズム運動も基幹部の最も急進主義的な翼をかたちづくっていた。約1500名のクーデター参加総員の多くは、青年将校の命令によって加わった下士官、兵士であり、青年将校達と同じような思想をもって結集したのでは必ずしもなかった。

北・西田にとっては、国家改造のファシズム革命運動組織化の途次、時期尚早の2．26決起への対応を余儀なくされたのであった。だが、クーデターは失敗し、北・西田の影響下の急進主義的な青年将校運動も解体され、彼ら自身は責任を押しつけられて死刑に処された。北・西田派のファシズム運動は、青年将校の下克上的国家改造運動とともに、ここに消滅するにいたった。

（補）日本ファシズム研究の代表作への批判的コメント

Ⅰ　秦邦彦『軍ファシズム運動史』（河出書房新社、１９６２年）

講座派系マルクス主義歴史学の「天皇制ファシズム」論とは系統を別にした、丸山理論の影響下の「軍部ファシズム」論の先駆的な研究書である。３月事件・１０月事件から２・２６事件の山場へといたる桜会、青年将校、皇道派、統制派など、軍の運動についての数々の資料の収録や運動の担い手たちからのヒアリングを織りこみ、数々のエピソードも交えて、史実の詳細な解明に功績を挙げている。以後の軍部ファシズム研究の基盤を創った力作と言える。

しかし、「軍ファシズム運動史」研究としての重大な欠点を指摘しなければならない。「陸軍における最初の前衛的ファシスト団体である桜会」（１９頁）と把握する。だが、「桜会趣意書」――領袖の橋本欣五郎執筆と推定される――は、内治・外交の行き詰まりの原因を政党政治に求め為政者の責任を糾弾して国政の現状打破を掲げている。その立場表明からして、桜会は急進化した国家主義団体であってファシスト集団ではないだろう。

井上日召派もファシズム運動の一翼とされるが、この派は右翼急進主義派として急進主義的ファシズム運動と組んで共闘するとはいえ、「日召には体系的な指導原理がなく、『一人一殺』というテロリズムに終始する狂信的な『玉砕主義』『捨石主義』だけであった」（41頁）と分析されているように、日昭が5・15事件の被告人として獄中で書いた上申書「梅の実」の「国家観」「国家改造原理」の基調も日本主義的な天皇親政の右翼思想であった。彼はファシストではなくテロリストであろう。

また、皇道派と統制派の抗争を「軍ファシスト・グループの分裂と対立」（44頁）と捉える。しかし、この時点、天皇親政や日本的精神主義、農村救済、強烈な反ソ・反共主義を内外政策の特徴としている陸軍中央の皇道派幕僚将官、彼らのもとにある国体原理派の隊付青年将校は、「ファシスト・グループ」ではない。統制派もファッショ化の路線を未だ敷設していない。

つまり、（急進的）国家主義、テロリズム、天皇至高主義などとファシズムを無差別に混同して同視し、桜会、日昭派、皇道派、統制派などによる国家改新運動を「軍ファシズム運動」と一括している。本書の「軍ファシズム」は、右翼急進主義における急進的国家主義、テロリズム、国体原理主義、ファシズムなどの区別・連関を不問にした、それらの統轄規定である。「軍ファシズム運動」の担い手とした上記の諸派を軒並にファシストと呼ぶのは、政治的レッテル張りの濫用になろう。日本では根っからのファシストは北・西田派などの他には少なかった。政党政治を嫌厭し大陸権益を狙う国家主義者やナショナリストのなかの特定の者達が、あるいは総力戦体制強化を目指し、あるいは大恐慌襲来と重なった日本資本主義経済の危機的状況で農村の窮迫への思いや反財閥意識を抱き、国内外の変動に対応する過程で徐々にファシズムの推進的担い手へ転じた、つまりファシスト化したのであった。いずれにせよ、もっと理論的に精密な分析が不可欠である。

本書は丸山の日本ファシズム運動に関する所論の承継を言明し、提示された枠組の実証を図っている。ところが、丸山の所説を史実の具体的分析に基づいて検証し、必要に応じて訂正するのではなく、丸山説を鵜呑みしてその謬点を拡大再生産する結果に陥っている。由来は異なるが、ファシズムであることを自明視しそれを過剰に押し広げていることでマルクス主義史学と共通する。

Ⅱ　筒井清忠『昭和期日本の構造』（有斐閣、１９８４年）

鋭い洞察に満ちた論著の全般的な批評は手に余るので、日本ファシズムに関する二つの論点に限定し疑問と批判を記す。

(1)「第一章　「日本ファシズム」論の再考察―丸山理論への一批判―」の丸山批判。

若き学徒が大家丸山のファシズム論の限界の乗り越えを発信した積極的意義を有する論攷として受けとめられる。

丸山は１９５２年の論文のなかでファシズムについて周知の「反革命《カウンター・レヴォリューション》」規定を示した。その際、その前提的な対応物としての「革命」としてロシア革命を挙げた。これにたいし筒井は、ロシア革命の革命性はボリシェヴィキとクロンシュタットの叛乱兵士のどちら側にあったのかを問い、「歴史哲学にとって望ましい方向『変革』を『革命』とし、望ましくない方向性のものを『反革命』＝『疑似革命』とラベリングする」（51頁）点を衝いて、「革命」「反革命」規定の秘めるイデオロギー性を明らかにし、丸山理論への批判とした。ボリシェヴィキ指導のロシア革命への批判的見地を含め、「反革命」規定への異論を逸早く提起したのは、当時にあってはまさしく先鋭的であった。

その際、筒井は「反革命《カウンター・レヴォリューション》」規定を丸山によるファシズムの諸特徴づけの「要素が流出してくるところの究極的な『ファシズム』観」「『ファシズム』観の核心」（15頁）と位置づけて、丸山の46〜47年の日本ファシズム分析にたいする諸々の批判を放っている。丸山が日本ファシズムのイデオロギー的特質とした家族主義、農本主義、大アジア主義に基づくアジア解放の理念について、また2・26事件で決起した隊付青年将校の運動について、実証的に数多くの証拠を示しつつ、それらが「反革命」でなかったと論じる。それは首肯できる。だが、「反革命《カウンター・レヴォリューション》」規定や「『ファシズム』観」を究極の淵源と見做し、それからの流出として5年程以前の日本ファシズム研究論文に遡及するのは、批判として強引にすぎる論法だし、妥当性を欠いている。

丸山の敗戦直後の日本ファシズム研究と米ソ対立を迎えた歴史時点でのファシズム一般に関する規定との間に、因果関係はない。52年の論文は、コミンテルンのファシズム論に接近した理論的な後退作でもある。

いま一つ、丸山の日本ファシズム論の「超国家主義」概念を誤用している。丸山理論の「超国家主義」は、３０年代後半からの軍部を主力とした「上からの漸進的ファシズム」に関した。それ以前の民間の北一輝らの「急進ファシズム」についての研究は残したままであった。ところが、筒井は本書の随所で、「昭和超国家主義最大のイデオローグ・北一輝」（３９０頁）などと、「超国家主義」概念を何よりも北一輝（等）の思想・運動として用いている。

北の思想は国家主義の極端としての超国家主義ではない。しかも、久野収の解明を承けて、伝統的な国家主義の超国家主義化とは反対にその自由主義化、国民主義化が北のファシズム革命思想の位相であると関説しながら、これを「超国家主義」と規定する。これは、北一輝について的外れであり丸山超国家主義概念の無批判的誤用である。

（２）「第五章　日本型クーデターの構想と瓦解―２・２６事件研究Ⅰ―」におけるクーデター成功まであと一歩説。

当論文は、２・２６クーデターに決起した青年将校が「天皇派」と「改造派」との二つのグループから成っていたことを析出して、事件の構造解明を深化させる功績を果たした。ここでは、論文の主旨である「昭和超国家主義運動の『成功』の可能性を討究」（２４４頁）しての「いま一歩のところで敗れ去った」（２７８頁）、「成功寸前」（２８８頁）という分析に疑義を呈する。

皇道派及び青年将校達と統制派との熾烈な対立抗争は、村中・磯部の「粛軍に関する意見書」

（30年7月）をはじめ、数多くの怪文書が乱れ飛ぶなどし、支配諸層のなかにも知られていた。概ね政界、財界、宮中などで皇道派は不人気であり、支諸諸層の大勢が陸軍の一方の派閥勢力、とりわけ中央から追い落とされて落ち目の皇道派の政権の誕生の容認、支援に回る可能性はなかった。

具体的に、青年将校達が首班に擬した真崎は以前から元老・宮中グループに忌避されていたし、彼が2・26事件と並行した天皇機関説排撃・国体明徴運動を教育総監として推進したことも支配層には不評であった。天皇自身も「機関説でいいではないか」(33)との態度であった。加えて、天皇は2・26のクーデター、側近・重臣の殺傷に激怒し、「真崎はかく首することを要すべし」(34)とさえ表明した。襲撃対象とされた元老西園寺が真崎を奏請する可能性もなかった。つまるところ、真崎（ないし彼と同系の人物）を首班とする暫定政権の実現はありえなかったと推断される。

事件勃発にたいし、海軍はクーデター鎮圧の態勢を整えていた。統制派も、必死に巻き返し策を講じてくるだろう。片倉衷大尉グループは「政治的非常事変勃発ニ処スル対策要綱」（31年1月改訂）を作成し、予想される皇道派・青年将校のクーデターを鎮圧し、それを機に強力な後継内閣をつくって「革新」を断行する、「禍ヲ転シテ福トナス」逆クーデターを構えていた（秦『軍ファシズム運動史』収録、312頁）。統制派以外にも、第二師団長梅津美治郎のように、反乱軍鎮圧の態度をとる有力将官は存在した。

「第七章　昭和軍事史の断面」のなかでは、２・２６事件直後の陸軍中枢部において中堅幕僚層が武藤章を筆頭にして古参将軍達を退陣させる「一種のクーデター」について明らかにする。この把握とクーデターの「成功寸前」説は齟齬しないのだろうか。

統制派の反撃がどの程度まで効を奏したかは検討を要するが、軍内部の力関係に限っても、２・２６クーデター決起の成功可能性にもまして、急進主義的青年将校と皇道派の一掃＝カウンター・クーデターとなる可能性は強かったとみられる。

更に、従来は「事件の企図者である青年将校たちの無計画性や非現実性・観念的性格が指摘されるばかり」と指摘し、計画性や現実性の立証を対置する。

計画性の証拠として、クーデターによる権力奪取に関する基礎認識として、「ソビエット革命武双暴動指導要領」を有したことを押さえたうえで、特に「改造派」は２・２６事件で「討奸」の襲撃対象、宮城占拠、上部工作、暫定政権などにわたって周到に具体化してクーデター戦術を練っていたことを示す。可能な限りの計画性を備え現実性を踏まえていたのは、確かであろう。しかし、軍事技術面はともかくとして、肝心の政治面で「天皇が統制派に怒りを感じており、皇道派にシンパシーをもっている、ととれる情報」（２５９頁）に依拠していた点など、甚だしい非現実性、観念性も否定できない。

全般的に、通説的見解を再審する斬新な問題提起に溢れているが、一面強調の批判・対置に過ぎる研究となっている。

第3節　政治体制のファシズム化への前程

「ファッショ」をめぐる動向

満州事変から2・26事件を経て、政党政治の衰退、「挙国一致」内閣施政へと国内政治は大きく転換し、「国防」を掲げての国家総力戦体制・総動員体制を強化する軍部の政治進出が進行する。その諸様相を本節と次節において概述する。

5・15事件前後から、世上ファッショ化が注目され、反ファッショ的気運は強かった。犬養首相は殺害される直前、議会政治否認の動向をファッショ化として批判した（『大阪朝日新聞』5月9日）。犬養暗殺後の首相選定に関して天皇からは憲法擁護、国際的協調などと併せ「ファッショに近きものは絶対に不可なり」との意向が元老西園寺に伝えられた(35)。ファッショ化が広く警戒され危惧されたこの当時、ファッショという言葉で表された社会通念は、議会政治排撃の動きであった。

なかには、目敏くファッショを模して民政党から脱退し国民同盟を結成した中野正剛を「日本のヒトラー」、国民同盟が日本の政党で初めて制服を着用したのを「ファッショユニフォーム」とする新聞報道もあった。陸海軍の急進主義的青年将校が統制派陸軍指導部を「幕僚ファッショ」と呼んで断罪する用法もみられた。[36]

他方、32年7月に社会大衆党が結成されファシズムの台頭への対抗を方針としたように、社会民主主義政党、共産党、労働組合、知識人それぞれの潮流において、満州事変以後の政治の急変動状況を認識し、加えてドイツでのナチ党躍進の国際的なファシズム進出への関心を高めて、種々様々の内容のファシズム論議が繰り広げられ、反ファシズムを掲げる運動も生まれた。[37] ただ、ファシズム反対の叫びや闘争の出現は、総じて危険な予兆を感受しての警鐘であり、それをもって日本のファシズム化の具体的進行の証左とするならば短絡的に過ぎる。

対外関係では、中国大陸での歯止めなき日本軍の軍事行動にたいし、国際的非難が高まった。満州事変は中国の領土保全、門戸開放などを定めた9ヶ国条約などを柱としたワシントン体制に挑戦する烽火であった。イギリスなど列強は日本にたいし制裁には踏み出さず宥和的姿勢を続けるなか、満州の現状調査にあたった国際連盟理事会のリットン調査団は32年10月調査結果を発表し、連盟総会は33年2月に日本軍の満州撤退を勧告、42対1で可決した（反対1は日本）。これにたいし、世界5大国の一つであり常任理事国として重きを占めていた日本は、33年3月国際連盟を脱退しワシントン体制から離反する道をとった。

折しも33年1月、ヴェルサイユ体制の打破を掲げてきたヒトラー・ナチ党が政権を掌握、直ちに国会を解散、総選挙中に国会議事堂放火を仕組んで大勝し、3月全権付与法制定、7月にはナチ党以外の政党の存続、新設の禁止と、一気に一党独裁国家を築いた。10月には日本に続いて国際連盟を脱退した。

これより先26年11月にはファシズム独裁体制を確立していたイタリアは、日本の満州侵略を先例として踏まえ、35年10月から翌年にかけてエチオピアを征服した。

日本、ドイツ、イタリアともに別個で独自に生じた政治変動であり、相互に連携は無かったが、反ヴェルサイユ＝ワシントン体制で三国が接近し結びつく条件が造成された。そのなかにあって、満州を征服し国際連盟から脱退した日本は、米英など最先進列強中心の国際体制に対抗する軸の形成へ先陣を切ることとなっていた。

関東軍と支那駐屯軍（大陸の現地陸軍）は、「満州国」建国に基づき、35年から華北を国民政府から分離して日本の支配下に置く工作に乗りだし、中国北部へと侵攻を拡大した。政府は軍部に引き摺られつつそれを支持していった。

世界大恐慌波及をうけた昭和恐慌の打撃は急激であったが、犬養内閣蔵相に就任した高橋是清による即座の金輸出再禁止、次いで通貨管理制へ移る財政・経済政策をつうじて、日本経済は各国に先駆けて恐慌から脱出した。高橋積極財政の下で軍需生産の拡大と綿製品を中心とする輸出によって景気は回復した。しかし、各国の保護主義的措置により輸出は行き詰まり、軍需生産がほとんど唯一の活路となった。軍需産業の拡充によって、経済の軍事化とともに、重化学工業化が急ピッチで進み、それまでの紡織工業から金属・機械工業へ産業構造の基軸は編成替えされてゆく。

国民精神の統制、作興

国家統制は、既に思想、教育の分野で着々と進行していた。共産主義思想・運動は、２８年３・１５事件、翌２９年４・１６事件の集中的な大弾圧によって、１９３０年代初期には壊滅的な状態に追い込まれていた。当今の国家総動員体制づくりとして、まずは国民精神動員が重要視され、自由主義、自由民主主義に思想的な取締、弾圧の矛先が向けられた。

３１年１１月刊のジャーナリスト室伏高信『満蒙論』は満蒙への武力進出を批判して軍部の意向を損ね、即日発売禁止、３３年刊自由主義的評論家清沢洌の『非常日本への直言』は、４月發禁となった。

思想弾圧は大学に及び、３３年に滝川事件が起きた。内務省・文部省は、京都帝国大学滝川幸辰の自由主義的な刑法学説書に赤化的傾向ありとして発売禁止し、滝川の辞職を要求した。法学部教授会は学問の自由、大学の自治の侵害に抗議する運動をおこなったものの、撥ね返せなかった。

３３年４月には教科書が改訂され、「臣民の道」の強化、「忠君愛国」の精神の鼓吹、「神国観念」が強調された。

３４年１０月の陸軍新聞班パンフレット『国防の本義と其強化の提唱』は、「武力戦」「経済戦」とともに「思想戦」を重要視して、「国民教化の振興」を課題として、「国家および全体の為、自己滅却の崇高なる犠牲的精神を涵養し、国家を無視し、国家の必要とする統制を忌避し、国家の利益に反するごとき行動に出でんとする極端なる国際主義、利己主義、個人主義思想を芟除すること」（43頁）を明示した。

そして、35年には天皇機関説排撃・国体明徴運動となった。

美濃部達吉の天皇機関説は、帝国憲法の自由主義的解釈として明治以来の正統的学説に位置してきた。30年のロンドン海軍軍縮協定に際しての「統帥権干犯」問題をめぐっても、美濃部は軍縮条約締結による海軍兵力量の決定は、憲法第12条の編制大権に関していて内閣が輔弼すべきものである、統帥部の帷幄上奏は第11条の統帥大権に限られると解して、「統帥権干犯」説は成立しないとの論陣を張った。(38) 34年の陸軍パンフレット『国防の本義と其強化の提唱』にたいしても、後掲するような批判を表明した。

狂信的な右翼から始まった美濃部の天皇機関説への攻撃は、政友会が便乗して岡田内閣を追求し、在郷軍人会などが全国的に展開したことで、運動として急速に燃え広がった。衆議院は、政友会、民政党、国民同盟の共同提案「国体明徴」に関する決議を満場一致可決した。岡田内閣は天皇機関説反対を表明せざるをえなかった。美濃部の3冊の主著は発禁処分となり、美濃部は貴族院議員を辞職した。

これにより、憲法学の主流を占めていた天皇機関説は大学・高等学校から一掃され、国体は万邦無比で万古不易、天皇の統治大権は肇国の大義であり統治権の主体は天皇なりとする観念に国民は緊縛されることとなった。

天皇機関説排撃・国体明徴運動は、思想、言論、学問の国家主義的統制をもたらし、天皇や国体を絶対化して国家統制下に国民の思想を強制的に同質化する大道を拓いた。

国家総力戦・総動員に備えた万全の体制構築へ、その行程の最初の階梯として、戦争を献身的に担う国民を培養するのに必須の思想、教育、文化の統制の強化が、国民精神の新たな作興として進展した。

二つの陸軍パンフレット

陸軍は満州事変を機に国防思想普及運動に本格的に乗りだしており、世論を導くために次々に小冊子を作成し配布した。永田鉄山指導下での前掲『国防の本義と其強化の提唱』は、「国防」を押し立てた軍備の充実と国家総力戦・総動員体制創りの国民へのアピールであった。

パンフは、「国防」目的のために「皇国の有する偉大なる精神的、物質的潜勢を…組織統制して、之を一元的に運営し、最大限の現潜たらしむる」（８頁）ことを課題とし、武力戦にとどまらず思想戦、経済戦、通信・情報・宣伝戦の全般にわたって、国民と軍隊の一体的体制づくりへ、挙国一致の「国民の必勝信念と国家主義的精神の培養」（１７頁）、「経済の全般就中国防、産業、運輸、通信及び国民経済生活」の徹底的統制（５４頁）などを提唱した。「将来戦は国民全部の戦争」（25頁）と見通して、軍事だけでなく政治・経済・社会すべてにわたって国家主義的に統制する体制改新のヴィジョンの提示であった。

時の首相岡田啓介の言によると、「陸軍大臣に、その発表したわけを自分がきいたところ、『国防の方から見て、今日の制度の欠点もあり、これらの制度についていては、国民も知識をもっていろいろ研究しろ、という意味であって、決して実行を強いるものではない』と言っていた」[39]。陸軍や政府の上層部での受けとめは、およそこうしたものであっただろう。

パンフの公表は、陸軍としての国政への干与の表明を意味した。それゆえ、民政党、政友会からの非難を浴びざるを得なかった。財界も驚きをもって対応した。

パンフへの反響は大きかった。陸軍省新聞班は、翌月に新聞、雑誌、小冊子等に掲載された中野正剛、清沢洌、山川均、戸坂潤、美濃部達吉、石浜知行、芦田均、室伏高信、土方成美等々の賛否の批評を輯録して『国防の本義と其強化の提唱に対する評論集』を公表した。要所に伏字があったが、反対論も多く含んでいた。一例として、美濃部「陸軍省発表の国防論を読む」は「第一に感ぜられる所は、其の全体を通じて、好戦的、軍国主義的な思想の傾向が、著しく現はれてゐる」（247頁）と批判した。

それから2年後、36年11月の陸軍省新聞班パンフレット『陸軍軍備の充実と其の精神』は、軍備充実と「広義国防の根基たる庶政一新」（87頁）は不二一体の関係にあるとして、「庶政一新は日本精神を基調とし近代国家の要諦に合致せる全体主義国家の体制を整備し、国力の合理的運営発揚を庶機せんとするに存する」（86―87頁）と唱えた。ここで、体制改新のヴィジョンを「全体主義的国家の体制〔の〕整備」として明確にしたことが注目に価する。併せて、「現下の国際情勢を大観」し「一面に於て現状維持国と現状打破国との対立あり、他面所謂人民戦線を標榜する自由主義乃至社会主義国家と国家主義を高揚しつつある全体主義国家との相克あり」（1―2頁）と把握した。

このパンフについても、『『陸軍軍備の充実と其の精神』に対する国民の反響』が、今度は宗教家、実業家、教育家、青年指導者、弁護士・医師、農村指導者などの協賛の声を集録し、「軍民一體近代国防国家への改造飛躍を決意せよ‼」の激を添え、地方の出版社から出された。

戦争が軍人の専権事項である時代は過去のものであった。二つの陸軍パンフレットは、国家総力戦の時代を迎えて「国防」はすべての力を尽くさねばならない国家目的であるとして、「（広義）国防国家」の国家総力戦体制構築が純軍事問題ではなく政治、経済、思想などにわたることを国民に向けて訴え、当面する諸課題を明示した。

とりわけ36年のパンフレットは、2・26事件と陸軍指導部の入れ替わり、ナチス・ドイツ、ファシスト・イタリアの興起という、この2年の間に生じた国内外の変動に対応して、国家総力戦・総動員体制の構築を「全体主義的国家の体制」への指向として打ちだすにいたった。

第4節　国家総力戦・総動員体制の構築

国家総動員体制へ

ここで少し歴史を遡り、軍部による国家総力戦・総動員体制構築について顧みる。

陸軍が「全体主義的国家の体制［の］整備」を指針とするファシズム化へ踏みだし、更に国内外の変動に対処しつつファシズム体制の形成へといたるのは、国家総力戦・総動員の軍事体制の構築という第一次大戦以来追求し続けてきた課題の帰結にほかならず、政党に取って代る陸軍の政治的地位の上昇とともに、国家総力戦・総動員軍事体制の建設は国家体制へと転轍するからである。

第一次大戦後陸軍が推し進めた施策の根幹は、国家総力戦体制の構築であった(40)。

第一次大戦は過去の戦争とは桁違いの規模で戦われた。来たる戦争も政治・軍事だけでなく経済、産業、交通、宣伝、教育、思想などありとあらゆる分野の力、軍隊はもとより上から下までのすべての国民を総動員し、国家の総力を振りしぼって遂行しなければならない戦争となるのは必定である。この認識は、日本においても軍指導者や政党政治家に程度の違いはあれあまねく共有されていた。

第一次大戦終結の翌20年5月、陸軍臨時軍事調査委員会は『国家総動員に関する意見』をまとめた。報告書は、「国家総動員とは一時若は永久に国家の権内に把握する一切の資源、機能を戦争遂行上最有効に利用する如く統制按配するを謂ふ」（3頁）と定義した。そして、国家総動員を「国民動員」「産業動員」「交通動員」「財政動員」「其の他の諸動員」に分類する一方、国家総動員は「国民の愛国奉公心、犠牲的精神を極度に要求するもの」（7頁）であり、この「精神動員若は民心動員」が「国家総動員の根源にして…全局を支配すべきもの」（8頁）と特記した。この報告書の作成にあたった永田鉄山は国家総動員問題の第一人者であった。

国家総力戦に備える総動員に向けての態勢整備が進行した。政友会原敬内閣陸相田中義一は、陸軍省軍事課長であった1910年に発足させた在郷軍人会を国民思想を善導する組織として強化し、「国民の国防」「国防民衆化」へ、総力戦観念の普及に努めた。

24年、憲政会加藤高明内閣の宇垣一成陸相は帝国議会において、国家総動員に関し「戦争が一般に大規模になり又持久性を帯び来たと云ふ所謂国家総動員即ち一国の全知全能を傾注して戦争に従事しなければならぬと云ふ事になりました」(41)と説明した。

宇垣一成陸相の下で、25年に自主的な青年団運動に対抗する大日本連合青年団の結成、中学校以上での配属将校による軍事教練の導入が、翌26年に中学校に行かない者への青年訓練所の開設による兵式教練の採用がおこなわれた。

26年に陸軍省に国家総動員体制を本格的に研究する整備局が設けられ、初代動員課長に永田が任じられた。翌27年には国家総動員計画機関として内閣資源局の設置にいたった。

政党内閣と軍部

政軍関係に目を転じると、第一次大戦後の政党内閣の時期、大正デモクラシーと世界的な軍縮の時代風潮のなかで、陸海軍にたいする風当たりは厳しかった。政党と軍部の関係も、新しい時代を迎えていた。

明治時代から大正時代まで、陸海軍は自らを国軍と呼ぶ習わしであり〝国家の軍隊〟であった。大正デモクラシーが到来し第一次大戦後国家総力戦への対処が課題となると、軍隊の国民化が意識されるようになった。他方では、それに対抗し、陸軍皇道派のように天皇の軍隊を唱える動きも興起した。

大正デモクラシー状況にあって、13年に第一次山本権兵衛内閣は、軍部大臣の任用範囲について現役武官制を廃止し予備役にまで拡大する軍制改革をおこなった。

史上初の本格的政党内閣を率いる原敬首相は、統帥部にたいする内閣の主導権確保の布石をめぐらせ、田中義一陸相に陸軍改革を内部からおこなわせようとした。高橋是清蔵相が参謀本部廃止を唱えたが、これは抑えた。総力戦体制構築の立場から国政との協力関係の緊要性を認識した田中は、原の指導に従った。

原内閣の下で、19年、植民地総督武官専任制を廃止し台湾は文官を任用、また海軍大臣の臨時代理を文官がおこなう軍部機構改革がなされた。

第一次大戦後の21～22年ワシントン海軍軍縮会議に際し、原内閣加藤友三郎海相は日本の国力の限界をわきまえ世界情勢の流れを見定めて国防を考えるべきであり、世界強国アメリカと軍備競争をしても総力戦に耐えることはできないとの考えを表明した。その海軍軍縮条約調印と時を同じくして、２２年２月、衆議院では国民党・憲政会に政友会も加わって陸軍整理縮小を求める建議を提出した。

憲政会加藤高明内閣が成立すると、軍部大臣文官制問題、帷幄上奏廃止が浮上し、軍部機構改革の議論が広がった。２５年、加藤内閣の宇垣陸相がおこなった軍縮＝軍制改革は、４師団を廃止し、その費用を回して軍備の機械化＝現代化を遂行した。あわせて、軍隊への国民世論の支持を図った。

軍縮と軍部機構改革の要求が高まる時流にあって、軍部は軍事的に新しい戦争形態としての国家総力戦への対応と政治的に藩閥に替わる政党内閣の国政との関係づくりとの、二つの大きな課題に直面していた。そのなかで田中や宇垣の軍政は、国際協調、軍縮を基調とする内閣に協力して軍部への厳しい批判をしのぎ、軍内をまとめ、軍縮に応じつつこれを軍備の機械化・新式兵器導入の機会にする――軍縮期における軍備強化――ことで、国家総力戦体制の整備を進めた。

一方、政党内閣は軍部大臣をつうじて陸海軍を統制した。

政党と軍部は大局的な合意をかたちづくり、連繋し協力する関係を結び、並行しつつ共存した。

新時代の軍隊のありようとともに、軍人の政治への新たな対応が求められた。31年1月、浜口内閣の宇垣陸軍大臣は、全軍への通牒で、「軍人は世論に惑わず、政治に関与すべからざるであるが、一面軍人は国防を担当している。国防全からずんば国危うしである。然らば国防問題につき論議することを以て、直ちに政治干与ということはできない。国防は政治に先行するものと解釈してよい(42)」と訓示した。

このように軍制・統帥の改革へ高まりきたった気運は、30年のロンドン海軍軍縮条約への反対運動を前段にして、翌年の満州事変を機にまさしく一変した。

関東軍の独走、謀略を中国の暴虐にすりかえたマス・メディアの報道ラッシュ、排外主義的ナショナリズムの大衆的な爆発の前に、時の民政党第二次若槻内閣は政治指導性を喪失し、陸軍は威信を回復した。対中戦争が始まるや、政党が提唱した数々の軍部機構改革案は立ち消えになり、もはや顧みられることはなかった。宇垣陸相時代までの政党内閣と軍部の協調は終わりを告げた。

陸軍統制派の登場

ところで、陸軍指導部の動向とは別に、陸軍中央のエリート若手将校のなかにも新たなグループ的動きが台頭した。

明治以来陸軍を牛耳ってきた長州閥の打破、人事刷新や国家総動員体制整備、満州問題の武力解決を志向して集うグループとして、23年頃二葉会、27年頃木曜会が生まれ、彼らは29年5月に合流して一夕会を結成し、独自な活動を始めた。陸軍「革新」派の出現であった。永田はその中心的存在であり、満州事変を首謀した石原や板垣征四郎も会員であった。満州事変は、満蒙問題に関する所期の方針に沿い、政党内閣政治の現状を突破せんとする「革新」派幕僚達の陸軍上層部を巻きこんでの決起であり、国内外に大きな変動を惹き起こした。

満州事変を機に右翼急進主義運動が激発し、陸軍指導部において主流を占める宇垣系にたいする皇道派の抗争が繰り広げられるなかで、一夕会の会員は、永田の軍務局軍事課長、参謀本部情報部長から軍務局長への昇進に代表的なように、相次いで佐官・将官級に昇任して主要実務ポストを占める中堅幕僚となり、更には陸軍省部の中枢を占めるにいたった。

一夕会は皇道派と統制派に分裂し分解していったが、永田鉄山「軍ヲ健全ニ明クスル為ノ意見」（1935年）は、10月事件、5・15事件のような非合法手段の直接行動を排し、「漸進的合法的」な「維新」の路線を定めた。「軍ノ統制団結」を最重要事として、「非合法的革新思想ノ駆除」「横断的結成行為の禁遏」など、隊付青年将校たちの急進主義的な思想や直接行動を抑えこみ、国政を陸軍が志向する方向へ合法性重視で漸進的に動かしていく方針であった。(43)

1882（明治15）年の「軍人勅諭」が「世論に惑わず政治に拘わらず」と命じて以来、軍人は政治への干与を厳禁されてきた。しかし、永田は、軍部大臣をつうじて国防上必要な政治要求をおこなうのは政治不干与の軍律に反するものではないとした。

5・15事件は政党内閣を途絶えさせ、代わって出現した「挙国一致」内閣は弱体でかなり御しやすい存在であり、軍部による現行国家「革新」に有利な条件が生みだされた。永田の「漸進的合法的」な国家「維新」の路線は、国家総力戦・総動員体制構築を推進する軍部に求められる政治への新なかかわりに応える指針であった。

対外面では、永田はドイツの周辺から大戦が再発するのは避けられないと観ており、国家総力戦のために不可欠の国防資源の無い日本は、鉄鉱、亜鉛、石炭、石油などの不足軍需資源を中国から、満蒙のみならず華北、華中から確保すべきであるとの考えであった。(44)

その見地から、満蒙問題の武力解決に与し、更には華北、華中への軍事的進出も必要であるとした。対米英関係については、敵対と提携両方の可能性を念頭に置いていた。(45)

中国の資源に着目しその活用を図る構想は、小磯国昭『帝国国防資源』（1917年）をはじめとして、折につけ明言されてきた。満州事変実行の6ヵ月前の板垣征四郎の言述では、「満蒙の資源は頗る豊富にして必要となる殆どの資源を保有し帝国の自給自足上絶対必要なる地域なること明瞭」(46)であった。34年の陸軍パンフは、資源に関して、「武力戦の場合の戦用資源の充実と補給の施設とを考慮すると共に、経済戦対策としての資源の獲得、経済封鎖に應ずる諸準備に於て遺憾なきを期する」（21頁）とした。更に後年、近衛文麿首相のブレーン集団昭和研究会も、「東亜新秩序」を支える「東亜経済ブロック」は「先づ日本の国防的要求を基礎とし、国防資源の充実を目標として出発した」のであり、「その指導的中枢国家たる日本国の国防資源の要求を先づ考慮せざるを得ないことは勿論である」[47]と、東南アジアへの侵攻の目標として資源（供給地）の確保を謳う。

総力戦の遂行のための死活的資源の獲得・確保は、中国大陸に始まり南アジアへと武力進出するアジア・太平洋戦争において、「自存自衛」の名分に飾られて隠された目的として貫流する。それに応じて、戦略資源確保のためのアウタルキー（自給自足経済）構想が、満州事変の日満経済ブロックから日中戦争の日満支経済ブロック、更に太平洋戦争の「大東亜共栄圏」として、自給圏を拡大しつつ展開される。

永田ら統制派の興起は、国家総力戦に備える体制創りを課題とし、それに相応しい軍部、更には政府を求める先鋭的な革新世代の進出であった。

永田の「漸進的合法的」「維新」の新路線は、彼が軍事官僚には稀な視野の広さ、柔軟性、合理主義性を備えていたことと併せて、政党内閣時代が依然として続いていれば、田中、宇垣の軍政に倣いながら新たな形に変えて政党政治と共存するものとなる可能性もあったろう。だが、永田は陸軍内部の抗争で横死した。

政党内閣政治が終焉し政党の地位低落が進行するなか、政軍関係は軍部が独自の政治力を強化し政党を圧伏する方向へ転じていった。

第３章　国家総力戦体制のファシズム化

第１節　軍部主導の政治運営へ

軍部大臣現役武官制復活　日独防共協定

５・１５事件の衝撃で、政党内閣に代わって海軍の長老将軍斎藤実を首班とする内閣が成立した。政党や陸海軍、官僚などの諸勢力を結集した「挙国一致」の内閣であり、蔵相に政友会高橋是清、内相に民政党山本達雄が就き、政党も重要な位置を占めていた。経済不況、農村疲弊など社会問題が深刻化し、満州事変後の対外関係の緊迫した非常時であり、政党は政権担当能力がないと見做された。首相の奏請にあたった元老西園寺らは、暫定的に「挙国一致」内閣によって陸海軍との正面衝突を回避して非常時の事態の沈静化を図り、政党内閣への復帰を探る意向であった。

３４年６月には同じく海軍穏健派の岡田啓介が後継内閣を組織した。今回は、衆議院で絶対多数を占め政権掌握を期していた政友会が協力を拒否し、内閣と政友会が対立した。

2・26事件で岡田内閣は退陣し、次期首相に推奏された近衛文麿が固辞したので、斎藤・岡田両内閣の外相であった外務官僚広田弘毅が首相となった。陸相に就任した寺内寿一は組閣に際し、2・26事件が与えた衝撃、威圧効果を利用して庶政一新、自由主義排撃、全体主義体制への基本政策を要求し、閣僚人事に関する意向を突きつけた。広田首相はそれらを容れざるをえなかった。

政治への介入を強めた陸軍は、以降、「広義国防」の立場から財政・経済・国民生活の問題の領域にまで踏み込んで内閣の施策を先導するようになった。

2・26クーデター決起を鎮定した陸軍では、急進主義的青年将校グループを一掃し、粛軍人事により皇道派を追放、抱き合わせて宇垣系の有力将官をも第一線から退かせ、陸軍次官梅津美治郎、陸軍省軍務局軍事課武藤章中佐——永田の直系——、それに参謀本部作戦課長石原莞爾大佐などが実力者として敏腕を振るった。

36年5月、陸海軍大臣を現役の大将、中将に限る軍部大臣現役武官制が23年ぶりに復活した。直接には、2・26事件の不祥事へいたる過程で露呈した陸軍3長官による将官人事権の分掌・合議の弊害の善後措置として、陸軍省官制を改正し、陸相による人事専管の権限強化を図った面があった。しかし、翌年1月、民政、政友両党にも推され、宇垣一成に組閣の大命が降下すると、陸軍指導部は従前同様に合議して陸相の指名を拒否して宇垣内閣を流産に追いこんだ。更に後年には、政治的傾向の異なる米内光政内閣を陸軍大臣が辞職して後任を出さないことで退陣させる。現役規定復活は、軍部の政治路線に沿わない内閣の誕生を阻止したり総辞職させたりすることに威力を発揮した。陸軍は内閣の死命を制し得る武器を手中にすることになった。歴史的に大きな影響を及ぼしたのは、この面であった。

財政政策においても、殺害された高橋蔵相に代わった馬場鍈一蔵相は、公債漸減、軍事費抑制に代えて公債増発、増税を柱にした軍拡に踏み込んで、軍部の要求を容れた軍事費による大膨張予算を組んだ。

対外関係では、国際連盟脱退通告の発効、ワシントン条約の破棄、ロンドン海軍軍縮条約からの脱退が重なり、日本は無条約状態になり軍備を制限する国際関係から抜けだした。３６年６月改訂の第三次帝国国防方針は、海軍の南進論と陸軍の北進論を並立させ、米ソに加えてイギリス、中国も仮想敵国として想定した。

ヨーロッパ情勢はイタリア、ドイツの新興ファシズム国家がヴェルサイユ体制に代わるブロックの編制へと旋回しつつあった。そのなかで、広田内閣は３６年１１月、ソ連への対抗を狙いとして日独防共協定（正式には「共産主義インターナショナルにたいする協定」）を結んだ。当時のドイツは中国と武器輸出を中心とする借款条約を結んで軍事顧問団を派遣していたから、日独間には対立の面もあり距離が存したが、日本はワシントン体制の内側からドイツはヴェルサイユ体制の外側からそれらの打破を志向していることで、やがて世界秩序の再編に向かって連携する起点が生まれた。

宇垣内閣の流産

37年1月、広田内閣退陣後、後継首相として陸軍予備役大将の宇垣一成に大命が降下した。清浦奎吾内閣、第一次・第二次加藤高明内閣、第一次若槻内閣、浜口内閣で陸軍大臣を務めた宇垣は、その豊かな経歴に示される力量から、民政党に加え政友会、元老、宮中グループなどと組んで軍部を抑制する手腕発揮が期待された。それゆえ、陸軍は宇垣の組閣に猛烈に反対し、陸相を打診された現役将官は辞退で足並を揃え、宇垣内閣は流産した。(48)

宇垣内閣の出現を阻止した陸軍は、首相として陸軍大将林銑十郎を擁立した。

林内閣では結城豊太郎興銀総裁が蔵相として入閣、三井財閥の総帥池田成彬が日銀総裁に就任し、前内閣蔵相の大軍拡・増税プランを修正するとともに財界・金融資本との軋轢を回避、財閥資本の導入による華北経済開発を計画した。いわゆる「軍財抱合」であった。政党からの入閣はなかった。

林首相は政党=議会との対立に苦慮し、前年2月におこなわれた総選挙からまだ日が浅いのに、突然議会解散の挙にでた。4月の総選挙において政民両党は提携して闘い、民政党は179議席(27議席減)、政友会は175議席(4議席増)、両党で議席総数466の絶対多数を占める優勢に変わりなかった。また、社会大衆党が前回総選挙での伸長に続いて37議席へと躍進した。林内閣の与党は19議席(5議席減)だった。林内閣は総辞職した。

この総選挙では、国民同盟から脱党した中野正剛が36年に結成した東方会は11名当選を果たした。そして、37年5月に開いた全体会議において「一、全体主義に則り階級的特権と階級闘争とを排除すべし」と全体主義を謳う綱領を決定した。[49]また、社会大衆党も、37年の第6回全国大会の新綱領、38年第7回全国大会の新方針と改正綱領において、「国家全体主義」を指導理論として掲げた。

更に社会大衆党と東方会は、国民同盟との三派合同を図って、安倍磯雄中央執行委員長と中野会長連名の「全体主義単一国民政党」結成宣言を発表した。[50]合同は成らなかったが、日本における全体主義の広汎で根深い社会的な基盤の存在を物語っていた。

37年4月総選挙での既成二大政党の健闘、社会大衆党の躍進は、反軍部、反財界、反ファシズム、反資本主義などの諸々の傾向が交錯する、国民大衆の時局にたいする抵抗の意志表明の最終的な局面であった。[51]

「二重政府」の常態化

この後も、「挙国一致」の弱体政権が短命で次々に入れ替わった。「挙国一致」内閣は、R・ゾルゲの言では「軍部、官僚、財閥、政党の寄木細工」[52]であり、これらの勢力が対抗し牽制しあいながら力を合わせバランスをとっていた。だが、内閣が交代するごとに、軍部と政党の力関係の開きは大きくなった。軍部大臣現役武官制や統帥権の独立の特権を盾にして要求を押し通したり内閣による制御を撥ね返したりして、軍部による国政支配が強まっていった。軍部の意に反しては政権の座に就くこともそれを維持することもできなくなった。

こうして、軍部が政府のなかの政府となり、「二重政府」(53)が現実となった。

帝国憲法体制には帷幄上奏、統帥権独立、内閣内での軍部大臣の独立的地位などによる政軍二重構造(国務と統帥の二元主義)の特質が存し、「二重政府」の可能性が所在していた。しかし、政治・国家体制としては、明治時代には絶大な政治的指導＝支配力を有する維新の元勲＝元老達が首班として内閣を率いて政軍二元性を統合した。

明治末年から軍部が独立的勢力として台頭すると、1907年、政友会第一次西園寺公望内閣はすべての法令に首相の副署を課し首相権限の強化を図る公式令を公布した。これによれば帷幄上奏、統帥権の独立も制約をうけることになる。軍部は反対し巻き返して、改革は成らなかった。

逆に、同年、今後の国防の基本方針を定立し軍備拡張の軌道を設定した「帝国国防方針」は、陸海軍のみによって策定され、首相は事後的に協議に与り一部を内覧しただけであった。爾後、陸海軍が首相・内閣をさしおいて国防計画を定めるのが慣行となった。統帥権の独立に関しては、議会だけでなく内閣の干与も許さないことを含意するようになってきた。

1912年陸軍二個師団増設をめぐって第二次西園寺内閣は軍部と対立し陸相の辞職によって退陣に追い込まれた。「二重政府」の兆候の現出であった。

それでも、大正デモクラシー状況下の政党内閣の時代を迎えると、政軍関係においても政治の優位が趨勢となっていた。それが再反転して、今や軍部が公式の政府を動かす「二重政府」が政治・国家体制の常態となったのである。

斎藤内閣時に首相、陸相、海相、蔵相、外相からなる五相会議が一種のインナー・キャビネットとして設けられ、以後慣習として続いた。だが、それは内閣権力の全般的な縮減傾向の別表現とも言えた。

政党の自壊

政友会や民政党の政党は、後退を重ね衰弱した。政党内閣の時代が訪れたものの政党政治は未熟であった。政党は政権を握るために相手党の失策、スキャンダルを暴きたてるのに躍起となり、党利党略本位の露骨な内輪の政争に明け暮れした。また、普選の実施に伴って３００万人から１２００万人に激増した有権者の支持を獲得するための膨大な政治資金の調達が不可欠になり、政党幹部の要件として資金調達能力の比重が高まって、政治資金がらみの収賄、買収、利権に絡まる事件、疑獄事件が頻発した。選挙では巨額の資金を次ぎこんでの買収、供応は、日常茶飯事だった。政権党による強権的な選挙干渉や官僚人事差配も大手を振って罷り通った。党内の派閥争い、党首の指導力不足も露であった。こうした政党の頽廃は、国民の不信を買わざるをえなかった。

政党政治を排撃する諸勢力と闘争を交え、自由（民主）主義的な政策を実現する政治的な資質、力量を備えた政党政治家は、原敬、加藤高明、浜口雄幸以降出現しなかった。絶えることのなかったテロ、クーデターの脅威は政党政治家にとって強い圧力となったし、暗殺の恐怖にさらされながら身命を賭して暴挙にたいし反撃する政治的闘いは至難であった。

政党内閣を倒そうとする軍部や右翼の策動が表面化した31年10月事件などに見舞われていたのに、民政・政友両党の「協力内閣」運動は失敗した。二大政党の協調、提携は成立しなかった。目だったのは、軍部と組んでの相手党政権攻撃であった。政党は危機的な事態の収拾能力を欠き、闘争すべき相手を間違えて権謀術数の相互抗争に明け暮れて、自滅していった。

「挙国一致」内閣を支える一翼を担っていた政党の地位は、低下する一方であった。それでも、36年5月国会での民政党斎藤隆夫議員の粛軍演説、37年1月国会での政友会浜田国松議員の反軍演説があったし、民政、政友両党も、遅まきながら前述の宇垣内閣実現で連携し巻き返しを図った。

だが、36年以降近衛新党運動が出現し、軍部の新党への動きが始まると、既存政党内部にも新党への協力や迎合が生まれ、時流に乗って勢いを強めていった。

第一次近衛内閣が成立し対中戦争が全面化すると、総じて政党も戦争遂行に積極的に協力した。政党は軍部に抗しえなくなり、気骨のある一部を除いて議員のほとんどは闘わずして屈服した。情勢に順応して政治生命を保とうとするのが大勢となった。

政権の座から滑り落ちて凋落する政党に代わって、元老、宮中グループが軍部の専横と対立しそれを抑制するうえで主力となり、国際協調、自由主義の護り手の位置を占めるようになっていた。その元老西園寺も老衰を避けられず、宮中グループ内でも「革新」派が次第に進出していた。

第2節　近衛内閣の登場と国家総動員法、「東洋新秩序」

日中戦争の全面化・泥沼化　「東洋新秩序」建設へ

強力な指導者の待望久しいなか、３７年6月、天皇家に次ぐ名門の家柄の出自にして各界から清新な魅力を買われ、国民的人気を集めていた近衛文麿が内閣を率いることになった。若き日の近衛は「英米本位の平和主義を排す」(54)（１９１８年）において、国際的に不利な諸条件下にある日本が自己生存を全うしうるには、英米の世界支配との対決を辞すべきでないと表明していた。

翌月に盧溝橋事件が勃発して、戦火は拡大の一途をたどり日中戦争は全面化した。日本軍は国民政府の首都南京、更に徐州、武漢を占領し支配地域を広げたが、しかし、国民政府は重慶に遷都し抗戦を続けた。戦線は膠着し、戦闘は泥沼化し長期持久戦化していった。

３７年１１月に大本営（最高統帥機関）が日清戦争、日露戦争に続いて設置され、政府と大本営の間で政戦両略の調整・統一を図る大本営政府連絡会議が置かれた。

３８年1月、大本営政府連絡会議に昭和天皇が臨席する初めての御前会議が開かれ、大本営から統帥部両総長、同両次長、政府から首相、外相、陸・海相など、それに枢密院議長が参集して、対中戦争の行き詰まりに対処する「支那事変処理根本方針」を決定した。統帥部側の交渉継続にたいし、政府側は継戦の強硬姿勢であった。

その翌日、近衛首相は「国民政府ヲ対手トセズ」と声明して、外交折衝の扉を閉ざしてしまい、事態収拾の手がかりを失うこととなった。

他方、３７年１１月イタリアが日独防共協定に加わった。流動する世界情勢において日独伊三国がイギリスなどの世界の現状維持諸国と対峙する構図が生まれた。この三国協定をめぐって、推進する陸軍にたいし、外務省、海軍は消極的であった。

日中全面戦争に突入後、参謀本部実務トップの作戦部長石原莞爾が戦争指導をおこなっていた。しかし、石原の戦争不拡大（自重路線）にたいして作戦課長武藤章は拡大やむなし（強硬路線）で対立し、拡大派が優勢となって石原は陸軍中央を去った。

３８年5月東条英機が陸軍次官に、３９年9月に武藤が陸軍省軍務局長に、富永恭次が参謀本部作戦部長に就任した。３０年代末には陸軍省部の主導権を掌握した統制派幕僚は、派としての統一性はなくなったが緩やかなグループとして、激動する時局に対応しつつ、陸軍を統率するとともに国策の遂行にあたった。永田鉄山が壮年で落命した後の統制派を新統制派と呼ぶことにする。

興隆するナチス・ドイツは、国内での支配体制を盤石にして、38年3月にはオーストリアを併合し、日本への接近策をとってきた。38年5月満州国を承認、6月中国と断交、そして8月にはソ連のみでなく英仏をも対象とする日独伊三国同盟案を提示した。協定成立に近衛、陸軍は賛成したが、外務省、海軍は反対であった。

38年11月に近衛は、ナチス・ドイツ、ファッショ・イタリアの「ヨーロッパ新秩序」の影響を受け、華北分離から東アジアの新秩序の建設へと戦争目的を拡張する「東亜新秩序」建設を声明した。帝国主義的大陸侵攻の新たな段階、中国を組み入れた東アジアへの侵攻表明であり、ナショナリズムのウルトラ化であった。

対中戦争は予期せぬ長期化に陥っていた。近衛政権は反蔣介石派汪兆銘の新政権樹立による国民政府分断の切り崩し工作を執拗に続けた。

日本のとめどない侵略にたいする国際的批判は高まり、中国政府とはもとより米英両政府との対立は一段と強まった。中国に大きな既得権益を持つイギリス、門戸開放を要求してきたアメリカとの衝突は必至となった。米英は対抗して中国支援に踏み出した。アメリカ政府は39年7月には日米通商条約の破棄を通達する。

国家総動員法制定

「革新」派は官僚のなかにも広まっていた。政友・民政両党と結んできた官僚と異なって政党の党利党略政治を批判し軍部と組んで国家革新を図ろうとする新官僚や「革新」官僚が、各省を横断して結合し新しい勢力として台頭し、国家行政を担掌して歴然とした力を示すようになった。斎藤内閣農相・岡田内閣内相を務めた内務官僚後藤文夫、全体主義体制形成のイデオローグとして活躍する奥村喜和男が、代表的人物として挙げられる。

「革新」派官僚の拠点となったのは35年5月設置の内閣調査局であった。内閣調査局は政策立案・審議機関として企画庁となり、企画庁は内閣資源局と合体して37年10月企画院へと拡大改組され、企画院は「挙国一致」内閣中枢の総合国策機関としての位置を占めるにいたった。

独自の国策をもっているのは陸軍だけで、既成政党は代案を提起できず、寄り合い所帯の歴代内閣は固有の国策を持ち合わせなかった。そのなかで企画院は陸軍軍務局とともに、政策の研究を積み重ねつつ、体制改新の政策、プランを指し示していった。

国家総力戦・総動員体制建設は着実に進展した。

挙国一致の国定思想による国民精神動員に関して、37年5月の文部省編纂『国体の本義』は、万世一系の天皇を戴く国体の姿と国民のあり方を、忠君を主軸にして「忠は、天皇を中心として奉り、天皇に絶対随順する道である。絶対随順は、我を捨て私を去り、ひたすら天皇に奉仕することである」（34頁）と訓示した。日中戦争の全面化にともない、国民精神総動員運動が官民一体の国民運動として始まった。国家主義的統合のシンボルや理念として、天皇や国体がいよいよもって飾り立てられ高唱された。

38年4月、「戦時ニ際シ国防目的達成ノ為国ノ全力ヲ最モ有効ニ発揮セシムル様人的及物的資源ヲ統制運用スル」（第一条）国家総動員法が制定され、国家目的に適合するように労働・物資・貿易・金融・企業など経済活動のあらゆる分野にわたって編成し統合し運用する、強力な国家統制路線を敷設した。

しかも国家総動員法は、議会の協賛を要せずに政府が勅令をもって実施の細目を決定し指令できる広範な委任立法の採用をともなっていた。つまり、議会の立法権限を剥奪し立憲主義を形骸化する意味を有した。

国家総動員法は、伝来の国家主義の強化拡大を押し詰めて極端化し超国家主義に転じさせるものであり、国家総力戦体制構築のファシズム化の徴表であった。

政友会、民政党からはナチスの全権付与法に等しいと批判の声があがった。しかし、政友、民政両党は、軍部と右翼の圧力に加え、近衛新党結成に向けた議会解散の動きに恐れをなして、最終的には国家総動員法は全会一致で成立した。

同じ議会で、電力8社を統合、電力の国家管理により「所有と経営」の分離を打ち出して財界を震撼させ国家統制経済方式の象徴となった電力管理法も、長期難航審議を経て修正可決された。

更に同年7月、労働統制の面で、「産業は資本、経営、勤労三者の有機的に結合せる一体」でありそれぞれに「忠実に其の職分を盡し労使一体、事業一家の実を挙げる」と綱領に謳う産業報国連盟の創設となり、単位産業報国会、道府県別の産業報国連合会結成の組織作りが急激な速度で進んだ。

近衛内閣の内政での国家総動員法制定による超国家主義化、および外政での「東亜新秩序」建設のウルトラ・ナショナリズム化、ここに軍部が推進してきた国家総力戦・総動員体制構築はファシズム化へと進展した。

陸軍の主導下で、海軍、官僚、天皇、元老・宮中グループ、政友会、民政党、財界などの支配諸勢力が「革新」派と「現状維持」派に分裂して反目し抗争しあい依存し妥協しあう状況にあったが、思想、産業、経済、政治などあらゆる事象の「革新」の進展につれて、国民大衆の思考や行動、生活様式の画一化が進み、ことごとく国家が統制し国家中心に帰一強化する体制形成へと輻輳していた。伝統的な国家主義、ナショナリズムを踏み超えて、それらがウルトラ化する体制へと流動していた。

全体主義論の進出

ウルトラ国家主義化、ウルトラ・ナショナリズム化の現実的な進行とともに、隆盛するナチス・ドイツへの親近が強まり、全体主義論が進出した。

時局を思想的に先導した「革新」官僚イデオローグの言説に止目する。

企画院奥村喜和男の「転換期に立つ世界と日本」（３７年１１月）によると、世界は今や歴史的大転換に際会している。自由主義から全体主義への指導原理の革新である。ドイツ、イタリアは既に実践し、日本も有史以来の大試練に直面している。こう観望して、ベルリン・ローマ・東京枢軸の形成を示唆する。「国策の積極的発動」（３８年１１月）では、国家総動員法の全面的発動を実施して、「国家権力の一元的統制」による「国内体制の全体主義的再編成国家権力の飛躍的拡充」を説示する。国家総動員法は体制の全体主義的改編の道を開くものである。[55]

奥村『日本政治の革新』（育生社、１９３８年）は、「日本的翼賛議会」「全体主義的計画経済への移行」「アジア協同体の建設」などを柱とする全体主義体制像を明示する。「日本は本来世界無比の全体主義国家である。…日本は本来理想的意味に於ける全体主義の国である」（２５２頁）。

外務省白鳥敏夫「国際日本の地位」（『中央公論』３７年１２月）の説では、今日の世界はドイツ、イタリアなど「全体主義国家」の台頭により従来の色分けは一変し、イギリス、フランス、ロシアなどの資本主義と共産主義の諸国が人民戦線を結成して一つのブロックを形づくり、所謂「ファッショ・グループ」と相対立している。日本は国体原理からして「ファッショ・グループ」に含まれる。「国内戦線統一の急務」（『中央公論』、３８年５月）は言う。日本の現在は世界の縮図である。共産主義的な「唯物的、個人的、乃至階級的なる思想」と「所謂現状維持派」とが結びついて人民戦線に酷似する集団を形づくり、これに「日本主義を高唱し、国体の明徴を叫び、全体主義の政治形態を確立しようとする所謂革新派」が対峙している。別論文「全体主義と人民戦線」によれば、いま「三千年来の日本国体原理たる全体主義が急速に復活しつつある」。「全体主義の三大国たる日独伊」にあっても、日本の全体主義は国体原理に由来する固有性を備え卓越している。(56)

新たな体制建設に向かって、ナチズムの影響はとみに大きくなり、「現状維持」派の議員達による「ファッショ」への非難攻撃は一蹴され、ナチス・ドイツは模範視されるとともに全体主義が日本を導く原理として輝きを放つようになってゆく。

政治的混迷　宮中グループと首相奏請方式の変容

近衛内閣は、対中戦争の膠着と三国同盟問題の閣内対立の調整行き詰まりで、39年1月総辞職にいたった。

右翼でならしてきた老政治家平沼騏一郎が内閣を後継したが、三国同盟問題の紛糾が続いた。三国同盟締結の陸軍と米英との対決回避の海軍、外務省が対立していた。その最中の39年8月ドイツとソ連が不可侵条約を締結した。激変する世界情勢に振り回されて、平沼は「欧州の天地は複雑怪奇」の談を残して退陣した。

３９年9月ドイツ軍のポーランド侵攻を機にヨーロッパ戦争が始まり、ドイツは電撃的にオランダ、フランスなどを次々に占領し降伏に追い込んだ。

３９年8月発足の陸軍大将阿部信行内閣は、陸軍色が強かったが、ヨーロッパ戦争不介入の方針をとった。４０年1月に海軍出身で親英米的姿勢の米内光政が組織した内閣は、民政、政友両党政治家を起用し、三国同盟問題では対象をソ連に限定する立場をとった。英米をも対象に含めるべきとする陸軍は、陸相の辞職によって米内内閣を退陣に追い込んだ。

平沼、阿部、米内いずれの内閣も、半年前後の短命であった。

４０年2月民政党斎藤隆夫議員がおこなった激しい陸軍批判にたいし、陸軍は議員除名を要求し、議会では除名動議が提出された。除名反対票を投じたのは7名で、民政党、政友会、社会大衆党それぞれの一部が棄権ないし退場したにとどまった。更に、除名推進派は聖戦貫徹議員連盟を結成した。

宮中グループ（内大臣、宮相、侍従長らの天皇側近）の内部変化について触れておかねばならない。

２５年3月、宮相から内大臣に転任した牧野伸顕は、元老西園寺に援護され、国際協調の外交政策や自由主義的な国内政策を採り、宮中を統率し天皇側近として久しく重きをなしてきた。だが、右翼や軍部からの批判攻撃が激しくなり、３５年１２月に辞職した。ちなみに、３５年1月陸軍省調査班の「対内国策要綱案に関する研究案」には、政治機構の改革要綱の一に「元老の廃止と内閣首班者奏請慣行の新設」が挙げられていた。[57]

後任の内大臣斎藤実は2・26事件で殺害され、その後を継いだ湯浅倉平は政治問題をできる限り回避し、定められた職務の履行にあたった。

40年6月、木戸幸一が内大臣に就任した。木戸は近衛とともに「革新」的青年華族の集まり「十一会」の中心メンバーにして宮中グループの若手として活躍し、内大臣府に入り秘書官長を務めた後、第一次近衛内閣に文相として途中入閣、平沼内閣では内相であった。

内大臣の交替とともに、次期首班の奏請方式が移り変わった。明治以来元老の権限として保たれてきた後継首班奏請は、唯一人の元老西園寺の高齢化にともない、牧野の時期には、前任内大臣時に採用された元老と内大臣の協議に転じた。その元老・内大臣協議方式は、犬養首相の後任の奏請に際して首相経験者、元帥からの意見聴取を加えておこなわれ、斎藤首相辞職後の奏請では元老、内大臣および重臣（首相経験者と枢密院議長）の協議に変わり、これが慣例となった。

米内首相辞職をうけた協議においては、新任の木戸内大臣は、西園寺は近衛の政治的指導力不信で承認しなかったのだが、近衛の奏請を断行した。

激しい歴史的変転のなかで諸勢力間の抗争、確執により政治的指導＝支配権力担当者の盛衰、交代が連続した。天皇を元老、国務大臣、参謀本部・軍令部、枢密院、内大臣などがそれぞれに補佐する多元的輔弼の制度にも、著しい再編が進行した。その一環として、宮中グループは親英米派で自由主義的な牧野主導から「革新」派で近衛の親友の木戸主導へ移り、次期首班奏薦は元老の手から元老・内大臣協議方式を経て内大臣中心方式へと変化した。(58)

老衰した西園寺が元老として活動不如意となり、首相経験者の重臣達の影響力も低下した状況で、至高・絶対とされている天皇の常侍輔弼の任を務めて情報を収集・伝達し助言をおこなう、いわば天皇のアドバイザー・相談相手として、内大臣の比重は高まり天皇に及ぼす影響は重くなっていた。新世代の木戸内大臣は「革新」派や軍部の主導する路線に添い天皇に側近として進言することとなる。

40年11月に最後の元老西園寺は死去した。自由主義の消滅した体制への移行に符節を合わせるかのように。

第3節　第二次・三次近衛内閣と大政翼賛会、三国同盟締結

「新体制」　大政翼賛会

40年7月、近衛が再登場し、外相に松岡洋右、陸相に東条英機を起用して第二次内閣を組織した。近衛首相の再現にあたっては、木戸を中心に重臣の協議で奏請を決定した。

近衛自身と彼を支える知識人ブレーン集団昭和研究会は、第一次内閣の失敗の反省として、

広範な国民を組織的に結集する「新体制」運動によって新党を樹立し、陸軍をもコントロールする、ひいては国務と統帥を統一する意向であった。陸軍は国民に人気のある近衛を一国一党の党首に擬して首相に立て、これまでに敷設してきた国内外政策路線を担わせんとした。宮中グループは軍部の圧力を押さえることを首相近衛に期待した。三者三様の思惑であった。

近衛内閣はすぐさま、「皇国ヲ核心トシ日満支ノ強固ナル結合ヲ根幹トスル大東亜ノ新秩序ヲ建設スル」根本方針のもとに、「強力ナル新政治体制ヲ確立」すべく、国防・外交、国内態勢の全般にわたる刷新を喫緊の要務とする「基本国策要綱」を決定した。翌日に大本営政府連絡会議で、「世界情勢ノ推移ニ伴フ時局処理要綱」をも採択した。ドイツの快進撃によって大英帝国の崩壊も想定される国際情勢の激変の好機を捕捉して南方に進出する、北方対ソ関係の安定確保・そのためソ連と不可侵条約を結ぶ、対米戦は努めて回避するというのが、枢要点であった。

日本の進路を確定した国策の定立であった。いずれの「要綱」も先に陸軍軍務局が立案した計画、要綱の骨子を取り込んでおり、陸軍の策定した基本路線の後追いに等しかった。近衛としては軍部の先手を打つ算段であった。

近衛内閣と陸軍は基本的進路を同じくして「新政治体制」確立を志向した。陸軍は親軍的な政党による一党独裁の方向で近衛新党を支援した。ところが、大臣として重用している嘗ての皇道派指導者や平沼からの、国政を統導する強力な首相は天皇親政の国体原理にもとる、新党は天皇の統治権を制約する幕府的存在だなどの根強い批判に直面し近衛は腰砕けしてしまい、一国一党の新体制を推進しようとした陸軍武藤とも衝突し、新党結成を放棄した。「新体制」運動の挙国新党構想の挫折により、事態は混沌とした。参加諸勢力間の対立を克服できずに、「新体制」運動は政党が解散して全政治勢力が結集する大政翼賛会の結成へと展開した。６月中野正剛率いる東方会、７月に社会大衆党、政友会、８月には民政党と、全政党は各々次々に解散した。

１０月大政翼賛会が発足した。追って発表された「大政翼賛会実践要綱」によれば、「八紘一宇の顕現を国是」とし「大東亜共栄圏の建設」による「世界新秩序の確立」、「高度国防国家体制」を実現すべく「翼賛政治体制」「翼賛経済体制」「文化新体制」「生活新体制」それぞれの建設への協力を課題とした。(59) 争点となった大政翼賛会の性格については、政事結社ではなく公事結社として位置づけられ、内閣総理大臣が大政翼賛会総裁を兼任した。

１１月に、「勤労新体制」として産業報国運動の全国的組織、大日本産業報国会が政府主導で設立され、それに先立って解散していた労働組合をも組み入れて、５００万人を組織した。大日本産業報国会は産業報国連盟との違いとして、政府の労使にたいする統括強化を図った。産業報国会に続いて、商業報国会、農業報国連盟、言論報国会、文学報国会など諸々の報国会が結成された。

近衛「新体制」運動は、当初の企図とはかなり異なる結果に帰着していった。「新政治体制」

に関しては、中核推進隊にあたる政党の再編統一、新党結成に失敗した。国体明徴運動以来の国体イデオロギーの拘束力は強烈であって、「万民輔翼」を求め、天皇以外に統治者が存在するのを許さなかった。それに、リーダー近衛は運動を指導する力量をもたなかった。その近衛を担いで、既存の諸勢力、諸権力が相互に妥協し提携してもたれあう状態となった。解散した既成政党も大政翼賛会議会局に集まってそれなりの勢力を保った。大政翼賛会は下から土台が築かれたのではなく、中央組織から地域・職域組織へと降りていく上からの国民再組織化であり、諸々の勢力が官民共同で寄合った巨大世帯となった。

軍部との関係では、近衛は首相・内閣の権限強化を求めたが、容れられなかった。挙国体制でありながら「二重政府」、国務と統帥の二元主義の現状にも変化は生じなかった。

国民大衆の全体主義的な総動員の態勢の強化は進んだ。41年3月に国家総動員法の改正で、国家統制の範囲の拡大、罰則の強化がなされた。また、治安維持法の大幅改正により、国体の変革・否定にたいする処罰の厳重化、予防拘禁制の追加など適用範囲の拡大、手続きの簡略化がおこなわれた。

41年3月、文部省教学局の『臣民の道』は、「我等は国民たること以外に人たることを得ず、更に公を別にして私はないのである。我等の生活はすべて天皇に帰一し奉り、国家に奉仕することによって真実の生活となる」(71頁)と、天皇帰一の日本主義的国体論に立って、国家への奉公を国民各人の真義とする道を教宣した。37年3月の文部省編纂『国体の本義』が神話、神勅に重きを置く伝統的な国体論を継いでいたのにたいして、皇国臣民と自覚して主体的に国家を支えることを強調する点での新しさがあった。(60)

三国同盟締結

対外関係に転じると、ナチス・ドイツは電撃戦によって、４０年６月にはイギリスを除くヨーロッパの大部分を征圧し、ファシスト・イタリアも参戦して、最終勝利の見通しが強まった。ヨーロッパ戦争の推移は、当初ヨーロッパ戦争に不介入の姿勢であった陸軍指導部にも大きな影響を与え、日本はドイツに接近した。７月の大本営政府連絡会議は、前述のように、ドイツ、イタリアとの政治的結束の強化と東南アジアへの武力南進を決めた。

４０年９月、世界的大変動を見込んで近衛内閣は松岡外相主導で独伊と三国同盟を締結した。日本は独伊と、英米仏に支配されたヴェルサイユ＝ワシントン体制を覆し「世界新秩序」建設へ、その一環として「大東亜共栄圏」建設を担い、枢軸陣営として結束した。

そして、フランス、オランダ、イギリスの東南アジア地域の資源豊かな植民地への侵攻を決定して、アメリカの対日経済制裁が強化されそれがさらに日米戦争となることを懸念しながら、北部仏印に進駐した。泥沼化して勝利の見通しが立たない対中国戦争について、英米の中国援助ルートを遮断して解決する思惑もあった。他面、対ソの北進政策は棚上げした。

三国同盟の日本は、「東亜新秩序」を具現する南方資源地帯を略取した「大東亜共栄圏」へ、アジア戦争を戦うこととなった。

４１年４月には日ソ中立条約を締結した。対ソ関係を安泰にし、更には三国同盟にソ連を引き入れて、アメリカを牽制しアメリカの参戦を阻止しようとする狙いであった。

対米交渉行詰り

アメリカとの外交交渉も始まった。アメリカの太平洋政策は９ヵ国条約を基軸にしており、国務長官Ｃ・ハルは領土保全と主権尊重、内政不干渉、機会均等、太平洋の現状維持の４原則を基本的態度として日本側に示した。

４１年６月ドイツはソ連に侵攻し破竹の進撃を見せた。独ソ戦勃発により、ソ連を引き込んで四国提携によって米英陣営に当たる構想は空中分解したが、北方からの脅威はなくなり、日本にとって南進の好機となった。

７月２日の御前会議は「情勢ノ推移ニ伴フ帝国国策要綱」で南部仏印への進駐を決定した。近衛は即時対ソ攻撃を主張する松岡外相を外す改造をおこなって第三次内閣に移行し、南部仏印進駐を実行した。

しかしながら、陸海軍、近衛首相が日独伊三国同盟、南進に賭けた目論見はことごとく外れた。日米対立は深刻化し、南部仏印進駐敢行にたいし態度を硬化させたアメリカ政府は在米日本資産の凍結、対日石油全面禁輸に踏み切った。

近衛は対米戦争を回避するための日米交渉、日米首脳会談を提案した。しかし実現しなかった。

外交交渉か戦争か、陸軍内部でも交渉による対米戦争の回避を説く武藤軍務局長と　南方武力行使、対米英開戦を主張する田中新一作戦部長が衝突した。

近衛内閣は外交交渉による打開、妥結と戦争決意、戦争準備の両方の策を進めた。

9月6日の大本営政府連絡会議の御前会議は、先行決定されていた陸海軍案を一部修正した閣議決定「帝国国策遂行要領」を承認した。「対米（英蘭）戦争ヲ辞セザル決意ノ下ニ概ネ十月下旬ヲ目途トシ戦争準備ヲ完整ス」。対米交渉に期限を付し、「並行シテ」「米、英ニ対シ外交ノ手段ヲ盡ク〔ス〕」[61]。10月頃までに外交交渉による日米関係打開の見込みがなければ、米、英、蘭との戦争に踏み切ると決めた。

内閣、陸軍、海軍の首脳部でも意見の一致は見られなかった。最大の難問は中国への駐兵問題であり、陸軍は頑なにこれに固執した。参謀本部は主戦論であった。

外交的打開の目途は立たなかった。日米交渉の焦点は日本軍の中国および仏印からの撤退問題であった。

対米交渉継続を主張する近衛首相は、要求が通る目途がないから開戦を決意すべきとする東条陸相と対立し、戦争開始になれば自分には自信がないとして職を辞した。

近衛内閣は空前の国民的人気内閣であった。だが、近衛の人気は超名門の青年貴族、元老西園寺に引き立てられてのデビュー、マス・メディアが寵児としてもてはやすなど、ムード的に作られたもので、近衛自身には政治的リーダーとしての経験も実績も無かった。そのうえ、ひ弱な性格で、ことあるごとに優柔不断であり、実行に無力であった。[62]政治指導者としての統治能力を欠如していた近衛に政界新編成を託し重大難局の打開を委ねざるをえなかったほど、統治エリートのジリ貧は進んでいた。

第4節　東条内閣、軍部の直接的政治支配

対米戦争へ

41年10月、対米開戦論の陸軍を代表する東条英機の率いる内閣が成立した。後継内閣について、東条陸相は皇族内閣を主張したが、首班の奏薦にあたる重臣会議で木戸内相が、9月6日御前会議の決定の再検討の条件を付けて、開戦、避戦いずれの場合でも絶対的に不可欠の陸海軍の統制といった観点から東条を推した[63]ことが大きかった。東条は軍事官僚として優秀であるものの大局的な戦略的思考は不得手であったが、天皇にたいして誰にもまして忠誠であり、天皇の東条への信頼も篤かった。

東条は首相にして陸相を兼任した。これは、内閣制発足以来初めてであった。組閣直後は内

相も兼任した。閣僚を見ると、衆議院議員は皆無であり、過半数は軍人であった。このような形で陸軍はついに内閣を担掌して、軍部による直接的政治支配となった。

東条内閣は天皇の強い要望に従って９月６日御前会議決定の「帝国国策遂行要領」を一旦白紙に返し、大本営政府連絡会議として、ヨーロッパ戦局の見通し、対米英蘭戦作戦見通し、対米交渉条件の緩和などにわたって広く再審議した。

その過程で、９月の御前会議まで外交優先をとり対米英開戦となった場合の勝算への疑念を表明してきた天皇は、短期決戦の場合に限らず長期持久戦となった場合でも戦力・物資面で不安はなく勝算が十分にあるなどの陸海軍省部の説得を承けて、次第に開戦決意に傾いていった。(64) 以前には天皇は戦争回避で対米外交重視の交渉論であり、東条は陸軍の主戦論・開戦論の筆頭格であったが、天皇の開戦論受け入れにより対立は消失した。

こうして、１１月５日の御前会議はあらためて「帝国国策遂行要領」を決定した。「自存自衛ヲ全ウシ大東亜ノ新秩序ヲ建設スル為此ノ際英米蘭戦争ヲ決意シ」「武力発動ノ時期ヲ十二月初旬ト定メ陸海軍ハ作戦準備ヲ完整ス」(65)。そのうえで、引き続きおこなう対米交渉の甲案、乙案（南部仏印撤兵まで譲歩する妥協案）を決めた。

続行の日米交渉においても、対立する日米間の差は埋まらなかった。アメリカの乙案にたいする回答、「ハル・ノート」は従前通りにハル４原則の無条件承認、日本軍の中国・仏印からの全面撤退、三国同盟軍事義務からの離脱を求めた。日本は中国駐兵に固執した。

交渉は妥結にいたらず、開戦が確定した。短期決戦を挑めば勝算がある、長期戦になってもイギリスを屈服させてアメリカの戦意を喪失せしめ、講和にもちこんで戦争終結するとの見通しであったが、同盟国ドイツのイギリス本土上陸の成功、対ソ連戦での勝利を当てこんだ、希望的な観測にほかならなかった。

12月1日の御前会議は、全閣僚も出席し、対米英蘭開戦を決定した。天皇は陸海軍の戦争計画を容れて裁可した。

ここに日本は、彼我の国力、戦力の大差からすれば自力での勝利はありえないアメリカとの戦争へ突入した。同盟国ドイツの戦勝を頼みの綱にし、軍人の不屈の闘魂や不敗の神国といった日本精神主義を拠り所にして。

満州事変から支那事変まで、現地の軍部が独走して事変を起こし、それに引き摺られる格好で陸軍中央は戦闘を拡大し、その既成事実を内閣は追認する形で戦争は遂行されてきた。陸軍の方針と天皇の意思が異なる場合には「君側の奸」によって歪められたものとして、陸軍は統帥権の独立の名目で、内閣や天皇・宮中グループの意向を押し切り戦闘を強行してきた。

しかし、太平洋戦争は、これまでとは違って、陸軍、海軍の省部は無論、首相・内閣、天皇・宮中グループ、重臣、更に有力政治家などが議論を重ね、内部の対立・齟齬を調整しつつ、開戦の場合と避戦の場合の利害得失について検討に手を尽くしたうえで最終合意し、国運を賭けた開戦の決断を下した。(66)

満州事変以来、軍部、官僚、親軍派政党、右翼などの大陸侵攻拡大、アジアの盟主路線に、民政党、元老、宮中グループなどの対米英協調路線、米英との関係悪化を憂慮した慎重論が抗してきた。とはいえ、双方は大陸での既得権益擁護、帝国主義的膨張では基本的に一致していた。後者も米英と衝突せず敵対を来さない方途、範囲の勢力圏拡大は是認してきたのであり、軍部（出先軍）の行動にたいしてしばしば事後承諾あるいは黙認してきた。しかし、そうした軋轢は限境に達し、後者は前者に糾合されるにいたった。

対米英蘭開戦の挙国一致にあたり、東条内閣の誕生に続いて、天皇・宮中グループの陸軍への同調がとりわけ重要な意味を有した。

ここに、陸・海軍、首相・内閣、天皇、宮中グループ、官僚団、政治家達は、これまでの角逐、諍いを捨て一丸となって、国家の命運を賭した戦争に国力のすべてを傾注することとなった。

「日本的全体主義」

注意すべきことに、「革新」を重ねて「新体制」を建造した支配諸勢力が唱導して正統化した体制は、「ファシズム」ではなく日本的な全体主義であった。

これまでに、３６年陸軍パンフでの「全体主義国家の体制」の提示を発端に、「革新」官僚イデオローグによる全体主義論の鼓吹、東方会中野正剛や社会大衆党の全体主義政党結成の動向について言及したが、３０年代末からは、統治権力自らが「新体制」の独自性格を全体主義として押し立てることが通有となった。

雑誌『政界往来』が組織した近衛公爵懸賞論文募集の題目は「日本的世界観と日本的全体主義の課題」であった（39年8月号、273頁）。

全体主義の理論も輩出した。吉川兼光『全体主義の理論と実際』（38年）、小倉鏗爾『日本の全体主義』（同）、中野正剛・杉森孝次郎編『全体主義政策・綱領』（39年）、谷口吉彦『新体制の理論』（40年）、秋沢修二『科学的精神と全体主義』（同）、矢部貞治「全体主義政治学」（『日本国家科学体系　第4巻』、43年）、等々。

東条内閣誕生直後に企画院が公表した『国防国家の綱領』は、前年7月に日本の進路を定めた第三次近衛内閣「基本国策要綱」に関して、次のように解説した。

世界史の現在は、近代世界秩序を支配した自由主義、個人主義、営利主義、唯物主義が没落して、全体主義、公益優先主義のより高い人類文化がこれに代わらんとしている転換期にある。そのなかにあって、「基本国策要綱」は「わが国が自由主義的性格から全体主義的性格へ国家体制を変更してゆくべき国防国家としての建設綱領を闡明したもの」（34頁）であり、「個人の生命も財産も営業も、すべて国家目的に奉仕すべきものであると解釈し、国家は国家として個人のあらゆる生活部面を指導し干渉しうるとする全体主義的国家観に基づいてゐる」（21頁）。

そのうえで、「新体制」を「日本的全体主義」「理想的全体主義国家」（15頁）と宣言した。

この時期、企画院は「革新」派の将官・官僚の牙城であり、企画院総裁は御前会議、大本営政府連絡会議の列席者に加えられる政府の要人となっていた。「日本的全体主義」「理想的全体主義国家」の宣明は、多年にわたる体制「革新」諸施策の集大成として全体主義体制が実現するにいたっていることの公式の確認であった。

今や「全体主義」が「新体制」の正道として公称されるにいたり、世界的なファシズムの日本独特の存在形態は、イタリア・ファシズム、ドイツ・ナチズムの二番煎じではない、「万邦無比」の日本「国体」の誇りを込めて、「日本的全体主義」と標榜された。

「日本的全体主義」は、自由主義、個人主義を除却し、従前の国家主義を極端化して国家本位、全体本位に再編し、超国家主義を主軸として、政治・国家にとどまらず、経済・社会・思想・文化などの全域にわたって、あらゆる私的価値を国家的価値へ包摂して従属させ、すべてのものを国家優位に改編し、国家目的と関連づけて画一化し同質化するものであった。それはまた、日本ファシズムの「一億一心」の表明でもあった。(67)

翼賛体制の脆弱

真珠湾奇襲攻撃などの戦争劈頭の勝利、東南アジア地域への支配圏の拡張に国民は熱狂し、東条首相にたいする称賛は高まった。

41年12月16～17日の臨時議会では、戦果を挙げた陸海軍への感謝決議案が提出され、全員起立で可決された。

同月に言論出版集会結社等臨時取締法を公布して、政事及び思想に関する結社・集会を届出制から許可制に変更し、出版物などへの取締権限を強化した。

体制翼賛運動は本格化し、42年1月大日本翼賛壮年団が結成された。大政翼賛会の指導下にその一翼を担う外郭団体でありながら、精鋭主義に立脚して、翼賛運動の中核となり行動隊として活躍した。

42年4月に翼賛選挙がおこなわれた。推薦制を導入して翼賛政治体制協議会が議員定数いっぱい466名の候補者を推薦し、推薦候補の81.6%の381名が当選、全議席の81%を占めた。

翌月、翼賛政治会が発足した。衆議院・貴族院のほとんどの議員が入会し、同会以外の政治会派は禁止された。東条政権に批判的な鳩山一郎らの同好会、中野正剛ら東方会も解散した。翼賛政治会は実質的に単一政党として東条体制の支柱となり、国会は御用議会となった。鳩山、中野などは翼賛政治会を脱会し東条政権批判を続けた。

大政翼賛会は、42年6月に産業報国会などの諸々の報国会に加え、大日本青年団、国防婦人会・愛国婦人会・大日本婦人会、翼賛壮年団、大日本青少年団の諸団体を統合し、更に8月には町内会・部落会、隣保班（隣組）の地域組織を下部組織に編入して、「万民翼賛」の国民運動体となった。

42年12月には大日本言論報国会の創設となり、言論機関はこぞって官許や官製のニュースで国民を誘導した。

現出した「新政治体制」では、いっさいの政党の解散、禁止による唯一の翼賛政治会という政党レヴェルだけでなく、自由主義的なすべての団体の強制解散もしくは再編をつうじて膨れあがった大政翼賛会傘下の数多の社会集団レヴェルまで、中央から地方にいたるまで、上からの権力的統合とそれに呼応する下からの大衆的動向により、強制的な同質化が浸潤した。

国家総動員法に基づく勅令として39年7月に公布された国民徴用令の徴用の対象が拡大されて大規模な徴用が進行し、軍需産業への強制就労が広まった。

経済体制に関しては、40年12月に決定の経済新体制確立要綱は、大東亜を包容する自給自足の共栄圏の確立を目指し、公益優先原則を掲げ、資本と経営との分離を狙った。企業活動に大幅な国家統制を加える官庁主導の経済再編成であった。経営者団体は、40年11月の産業報国運動強化委員会「産業報国運動に関する意見」として、「全体主義的勤労統括組織」を目指すものとして批判的であり、自主統制を本意と主張して反発し巻き返しを図った。官民妥協により、41年8月新体制運動の一環として官民協調の産業統制組織として統制会設立となり、41年秋から42年秋にかけて19業種に統制会が設立された。

対米英蘭戦争での優勢は、半年ほどしか続かなかった。42年6月のミッドウェー海戦、42年8月〜43年1月のガダルカナル島攻防戦をターニング・ポイントとして、戦局は日本にとって次第に不利となっていった。

それにともない、生産の増強、国民生活の束縛が更に強まった。東条は天皇の威を徹底的に借りて執務にあたるとともに、憲兵・特高を重用し「憲兵政治」をおこなった。国家統制の網の目は国民の日常生活や職域にまで張り巡らされた。

戦況の悪化にともない東条政権にたいする批判が現出した。43年4月に内閣改造がおこなわれたが、翌月には北アフリカ戦線においてチュニジア陥落となり、独伊軍が降伏した。

諸々の反東条政権運動が活発化し、なかでも近衛文麿が最大の政敵となっていった。しかしながら、圧倒的な権力を保持している陸・海軍の大部分が依然東条内閣支持だったし、国内批判勢力の圧力は効果に乏しかった。

戦局が深刻となったなかで東条首相兼陸相が参謀総長をも兼任し未曾有の権力を一手に集中した。これには反対が強かったが、天皇の東条にたいする信頼は揺るがなかった。

多年にわたり内閣や政府大本営連絡会議の切実な懸案として存在してきた国務と統帥の分裂、陸軍と海軍の指揮の不統一の解決は、国運を賭した挙国一致の戦争の只中にあり、東条への異例の権力集中・統一にもかかわらず達成されなかった。

東条政権が退場するのは、米が戦略的攻勢に転じて劣勢に追い込まれ、44年7月サイパン島失陥によって、前年9月30日の「今後採ルヘシ戦争指導ノ大綱」で言う「絶対確保スヘキ要域」の「絶対国防圏」も崩壊し、戦勝の見込みが断たれるにいたったことによっていた。

現出した「新体制」は不安定、特に「新政治体制」は脆弱であり、対米英蘭の戦争突入の自滅的選択をおこなって、体制として定着することなく、国民大衆に苛酷な犠牲を強いて圧政に黙従させつつ、敗戦に追い込まれ、瓦解していった。

振り返ると、「挙国一致」内閣は、３２年５月成立の斎藤内閣から４５年８月退陣の鈴木貫太郎内閣まで、陸・海軍、官僚団、宮中グループ、政党、貴族院、財界などの支配階級内の諸勢力の組み合わせを変えて、１２年３か月の間に１３代の内閣が次々に交代しながら続いた。首相の内訳は、陸軍大将・海軍大将各４名、外務・司法官僚出身者各１名、公爵１名であった。極めて短命な内閣が相次いだなかで、東条内閣の２年９か月在任は最長であった。

第４章　日本ファシズムの特質

第１節　日本ファシズムの全体像

二層のファシズム　民間ファシズムと軍部ファシズムの断層、断裂

全体構造としての日本ファシズムは、北一輝ら民間の急進主義的ファシズムと陸軍新統制派・「革新」官僚主導の「上から」の合法的漸進的ファシズムの二筋、二層の潮流から成った。前者を民間ファシズム、後者を軍部ファシズムと呼び表してきた。

日本ファシズムは、１９年に北一輝らの猶存社の反体制的な急進主義的革命思想・運動として生成した。北のファシズム思想は、『日本改造法案大綱』に代表されるように、既存国家体制の根本的改造を思念する革命思想としてまさしく卓絶していた。しかし、その思想的懸絶性のゆえに、実践運動は微弱であり、右翼や陸海軍の青年将校に一定の影響を及ぼしたものの、大衆的に根付くことはできなかった。

軍部は、３１年の満州事変を転機に、大正デモクラシーや第一次大戦後の世界的な軍縮を背

景に発展してきた自由（民主）主義的な政党内閣政治にたいする反撃を本格化した。同時的に、急進主義的な陸海軍青年将校と右翼とが提携したテロ、クーデター（未遂）が相次いで激発し、32年5・15事件により政党内閣政治は崩壊して「挙国一致」内閣の時代へ移った。更に、右翼急進主義的決起の頂点となった陸軍青年将校グループの36年2・26クーデターが日本を震撼させた。だが、失敗に終わり、ここに北一輝派は壊滅した。

他の民間ファシズムも独自勢力としては脱力化した。大川周明は、5・15事件の背後関係を追求され32年6月に逮捕・起訴され服役した後、右翼理論家の第一人者格として、『日本二千六百年史』（1939年）――ベストセラーとなった――では国体・天皇の絶対化思想とは別異の「国家革新」を説き、『大東亜秩序建設』（1943年）では大東亜戦争を正当化するなどして活躍を続け、軍部ファシズムの補助的位置を占めた。

他方、国家総力戦・総動員体制の構築に邁進してきた軍部では、30年代になると内部対立抗争が熾烈に繰り広げられ、指導部は宇垣系から皇道派へ、更に統制派へと移り変わった。統制派にとって急進主義的な隊付青年将校達の直接行動、武力決起は抑圧すべき対象にほかならなかった。統制派と北・西田派は敵対しあって2・26事件において正面衝突し、急進主義派は一掃された。

2・26事件後の粛軍により陣容を刷新した陸軍指導部は、不慮の死をとげた統制派リーダー永田鉄山の「漸進的合法的」な国家革新路線に沿って、体制の内部改革の道を進んだ。「挙国一致」

内閣にたいして政策変更を強いつつ国家総力戦・総動員体制を強化する施策をとり、満州事変以降の中国への侵攻拡大と併せて、衰退する政党に代わり国政を左右する地位に進出した。陸軍は「国防」を大義にして「庶一刷新」の「全体主義的国家体制」建設を打ちだしたが、その指針が国策となり更には体制として現実化するには、他の支配諸勢力の同調が不可欠であった。

名門貴族出自で衆望を集めて登場し三度首相の座に就いた近衛文麿とそのグループの「新体制」運動が重要な役割を果たした。

第二次近衛内閣は、３８年に国家総動員法を制定し国家統制を極大化するとともに、日中戦争が全面化するなか、ナチス・ドイツとファシスト・イタリアの「ヨーロッパ新秩序」に促迫され呼応して、中国から東アジアへと侵攻を拡張する「東亜新秩序」建設へ踏みだした。これにより、漸次的に強大化してきていた内政での国家主義、外政でのナショナリズムは、超国家主義、ウルトラ・ナショナリズムに発展転化した。「全体主義的国家体制」実現への跳躍点であった。

ここに、「革新」勢力の結集に基づき、「新体制」への移行を企てる近衛内閣のもとで軍部ファシズムが出現した。

近衛は首相として、陸軍と「革新」官僚が提出し推進する内外政策をともにしながら、彼らの先手を取り専行を押さえこむ算段であったが、ファシズム化を先導する役を担うこととなった。

「新体制」としてのファシズム体制への転移を先導した近衛は、しかし、統率力に乏しく所期の目的を達成しえなかった。挙国新党結成は蹉跌して全政治勢力結集の大政翼賛会設立となり、大政翼賛会は巨大化して行政官僚機構の下請け組織化した。国務と統帥の統一も実現できず、対米英戦争の開戦か避戦かの土壇場で政権の座から下りた。

近衛を担いできた陸軍であったが、木戸内大臣の奏薦で東条首相が実現し、総帥東条統率で国政を直接に担掌するにいたった。天皇、宮中グループと米英戦争開戦の同意に達したのが決定的な意味をもった。

ここに陸軍は、従前の自由主義、国際協調の「現状維持」派から転身した天皇、宮中グループと手を組み、支配諸勢力総体の同調を得て、「日本的全体主義」を標榜するファシズム体制を築く主力となった。

第二次・第三次近衛内閣、東条内閣のもとで成立したファシズム体制は、だが、脆弱であり、アジア・太平洋戦争へ突入した後、安定化する間もなく敗戦により倒壊した。

総体としての日本ファシズムは、民間ファシズムと軍部ファシズムの断層、断裂を内包して所在した。社会的に根を下ろすことができなかった北派などの急進主義的ファシズム思想・運動を、2・26事件において圧殺し一掃した陸軍指導部が、程なくして、合法的漸進的な「革新」の集大成としてファシズム＝全体主義の支配体制の建設を推進した。

日本ファシズムは、民間のムッソリーニ・ファシスト党、ヒトラー・ナチ党が独自の軍事組織を創設して活用しつつ、国民大衆を結集して躍進し、大衆運動の大高揚によって国家権力を奪取して新たな体制を打ちたてたイタリア・ファシズム、ドイツ・ナチズムとは、決定的に相異した。イタリア、ドイツのように特定のファシスト政党を主体として一本の強力な連続線でダイナミックに発展展開し、既存体制を転覆しファシズムの支配体制を築きあげたのではなかった。日本では、ファシズムは、２・２６事件を挟んで北一輝らの民間ファシズムから軍部ファシズムへ、主力の担い手を一変し、断層を有し断裂し曲折しながら非連続の連続として展開した。そして、民間ファシズム思想・運動の弾圧、解体のうえに、軍部ファシズムの思想・運動が支配諸勢力の協調と国民大衆の支持を調達して支配体制を築くにいたった。

イタリア、ドイツとの国際的比較のなかに置き直してみると、北一輝（派）などは原性ファシズム、軍部ファシズムは変性ファシズムとして位置づけられるだろう。

民間ファシズムと軍部ファシズムの異同

両者の異同について、若干考察する。

第一点として、両者間には、通説化されている「下からの」ファシズムと「上からの」ファシズムという差異が大略として存在した。しかし、北（派）などのファシズム思想・運動も、第２章第１節で北の革命思想に関し既述したように、「下から」のそれでありながら「上から」

の性格を帯びていた。(68) 2・26事件においても、軍上層の幕僚エリートの統率にたいする下層将校の反乱をともなっていたとはいえ、軍隊運動による革命の方式であった。民間ファシズムも軍部ファシズムも、現存する軍隊を主軸とする性質を共有していた。

第二点として、北（派）は国体論を否認して天皇制国家の国民化を唱えた。同時に、革命時の一定期間における少数者の革命独裁を不可避的と見込んでいた。軍部は国体明徴運動以後の国定思想を継いで、天皇制国家を神格化し至上・絶対の「国体」・天皇を奉りつつ、大本営・政府連絡会議を中枢とし翼賛議会を随伴する、軍部独裁の国家を形成した。

軍部では、神代、神勅の権威に重きを置く国体観念の宣揚にともない、まったく非合理的な国体論が合理性を追求する国家総力戦論と結びあわされることとなった。そのなかで、陸軍統制派系は国体明徴について冷めた眼で見つめていた。天皇の言動についても、批判的な雰囲気があった。(69) 統制派系は皇道派とは異なり、天皇（制）をめぐる政治的支配勢力としての秘教と被治者大衆向けの顕教を使い分けて統治にあたった。

第三点としては、北（派）に代表される民間ファシズムはいわゆる国家社会主義を打ちだし、軍部ファシズムは超国家主義として自由競争的資本主義の国家統制的資本主義への修正を指向し、双方ともに明治以来の伝統的な国家主義を超え出る大きな役割を国家に与えた。資本主義経済への国家の強大な干渉ということでは同類であった。しかし、掲げる目標は相反的であり指向する変革の方向性は異なっていた。一方の訴えは弱肉強食の状態を匡救せんとするにあり、他方は総力戦体制を築きあげて国家的＝民族的権益を保全するにあった。

関連して、前者のみならず後者にも反財閥的色彩が濃かった。民間ファシズムには反資本主義的傾向が存したし、軍部ファシズムは陸軍・企画院官僚が生産力の拡充を課題として経済統制を強化し、「利益ヲ思ハズ国家ニ奉仕スル」資本と経営の分離、利潤統制を図り、それに反発する財界との確執をきたしたりした。

第四点は対外面として、北が展望する太平洋岸の群島に大帝国を築く「革命的大帝国主義」と軍部がドイツ、イタリアと同盟して打ちだした東洋新秩序、大東亜共栄圏の建設とは、いずれも日本を東洋の盟主として英米の世界支配を打倒する戦争を辞さないウルトラ・ナショナリズムとして同一性を有した。

しかし、中国などアジアの諸国へのまなざしに相違があった。北は植民地政策で「朝鮮ヲ日本内地ト同一ナル行政法ノ下ニ置ク」（『改造法案』、331頁）方針を掲げたし、中国問題では中国自身が自ら革命を達成して、日本と同盟し欧米の世界支配を打破する、そのためには中国の保全に努めるという姿勢であった。たいするに軍部は、優越する武力・経済力を行使して中国に進攻、領土を拡張し不足資源を供給して、欧米列強と中国分割を競うという立場であった。これは、明治以来の近隣国侵攻ナショナリズムの発展的展開であった。

アジア主義がもつ両面性のうち、前者には欧米列強の支配からの解放のためのアジア・ナショナリズムへの共感の面、後者には帝国主義列強に列するためのアジアでの優越感の面が強かった。

第2節　軍部ファシズム

政治体制のファシズム化の諸要因

３０年代を通して軍部が牽引した現行体制改革のファシズム化、ファシズム体制への転移の主要因をあらためて確認する。

軍部ファシズムには、大きく二つの歴史的基層が所在した。最基底に、明治維新以来の近代日本の台湾征討、日清戦争勝利による朝鮮の植民地化、日露戦争勝利による満蒙権益の獲得など、近隣諸国にたいする侵攻ナショナリズムの層、その上部に第一次大戦後形成された国家総力戦・総動員の軍事体制の層である。この二つの基層のうえにファシズムは現出した。

満州事変の勃発と対中戦争の拡大による排外主義ナショナリズムの大衆的高揚、世相の軍国主義化、加えて世界恐慌の来襲による不況の深刻化という内外の緊迫した厳しい情勢下、政党の堕落、財閥の横暴が露になった。それらを衝く形で、民間と陸海軍の右翼急進主義者・団体の政・財界首脳にたいするテロ、現行体制改変のクーデター（未遂）が激発した。安田善次郎、浜口雄幸、井上準之助、団琢磨、犬養毅、高橋是清、斉藤実などの暗殺や政・財界のトップ・リーダーや宮中高官などへのテロ未遂、10月事件、5・15事件、2・26事件などのクーデター（未遂）が相次いだ。急進主義的右翼の武力による有無を言わせぬ体制エリート抹殺の横行は、大正デモクラシー以来の自由主義的、国際協調的な時代を窒息させ、右翼急進主義に抗するのを容易ならざる難事とした。

かかる政治的テロリズムの跋扈は、軍部による現行国家体制の「革新」の道を掃き清め、ファシズム化の社会的土壌を造成した。昭和維新の源流としての民間ファシズムは、図らずも、軍部ファシズム支配体制への道を地ならしする役割を果たすことになった。

32年5・15事件以降、主に陸海軍の重鎮を首班とする弱体な「挙国一致」内閣が続くなかで、陸軍は「国防」最優先の国策定立に向けて、直接行動の非常手段ではなく「漸進的合法的」に政治への影響を強め拡げて「維新」を進めるという統制派永田の路線に沿う形で、2・26事件を機に国政にたいする発言権を決定的に高め、国家総力戦・総動員体制の更なる強化に邁進した。

35年の天皇機関説排撃・国体明徴運動は国家統制を強化して国民の思想を強制的に同質化する大道を開き、37年から天皇・国体を絶対化する日本主義への国民精神動員運動が進展した。

38年4月制定の国家総動員法は、産業動員として、「国防」の国家目的と関連づけて経済を国家主義的に統制し統合する態勢を造出した。総動員は、交通動員、財政動員などへと拡がり深まっていった。

対外的には、中国北部へ侵攻していた日本軍は、37年7月の盧溝橋事件を機に中国との全面戦争に入った。38年11月、近衛首相はナチス・ドイツ、ファシスト・イタリアの「ヨーロッパ新秩序」に呼応する「東亜新秩序」を声明して、中国から東アジアへ侵攻を拡張した。日本は独伊と組んで、英米本位のヴェルサイユ＝ワシントン体制に対抗し世界的な新秩序を共に追求することとなった。

40年7月からの第二次・第三次近衛内閣のもとでの「新体制」運動は、陸軍が目論んだ一党独裁は蹉跌したものの、政党はすべて解散し、あらゆる勢力が合流する大政翼賛会の結成となった。同時期、ヨーロッパでは、ドイツが39年9月のポーランド侵攻を発端に快進撃を続けてヨーロッパ大陸を征圧し、その衝撃は世界史の転換期を迎えているような様相を呈した。近衛内閣は日独伊三国同盟を締結してファシズムの枢軸陣営として結束を固め、それとともに東南アジア地域へ侵攻する南進を決定し仏印進駐を実行した。

このファシズム体制の成立に際しては、20年代の政党内閣時代以来、自由主義と国際協調の路線を採って政党政治を支え、政党凋落後も国家体制「革新」に抗い続けてきた「現状維持」勢力の天皇・宮中グループが、国権主義的に反動化し、軍部と妥協し提携へ転じたことが最終的な決定要因となった。

陸軍、海軍、官僚団、近衛グループ、天皇・宮中グループ、政党、財界などの支配諸層の間では、基本的合意が形成されて対米英蘭戦争勝利に励んだ。だが、不一致、対立の面も残り、支配層の結束は一枚岩ではなかった。陸軍統制派系の強硬路線に疑問を抱き距離を置く勢力が減退しながらも政界、海軍、外務省に所在した。支配諸勢力、諸グループが協調しながら反発し、相互にもたれあって妥協と対抗を重ねつつ提携する体制に終始した面があった。軍部ファシズム体制の内部は甚だ脆弱であった。

テクノクラート・ファシズムと天皇の疑似カリスマ化

通説と異なり、軍部は満州事変や2・26事件の当時からファシズム化、ファシズム体制化を目的意識的に追求したのではなかった。政党内閣が途絶え「挙国一致」内閣が続く時代状況を迎えて国政を左右する地位に進出し、現行体制の「革新」を重ねる過程で徐々にファシズムへ傾動し、体制「革新」はファシズム体制の形成へ収斂するにいたったのだった。

ファシズム体制化を主導した陸軍新統制派といえども、根っからのファシスト（集団）としてファッショ化を推進したのではなかった。政党内閣政治や自由（民主）主義に対抗する保守的な国家主義者の陣営の一翼であった彼らは、世界史の変動と絡みあう日本の歴史の曲がり角に立って、国家総動員法制定や三国同盟締結、東南アジアへの侵攻拡大など、政治体制改編の画期ともなる国内外政策を遂行し、日本のファシズム化の主体的担い手となった。そして、アジア・太平洋戦争に敗北し体制崩壊するまで、ファシスト（集団）として活躍したのだった。明治維新による近代国家の創成以来、イギリスなどの先進帝国主義諸強国との緊張関係を保って近隣諸国を制圧する後進帝国主義国として興隆してきた日本では、陸海軍の牛耳を執るエリート将軍が政治家として内閣首班を務め国家を率いてきた伝統があった。(70) その伝統を継ぐと同時に改訂した軍部ファシズムは、官僚制化するとともに国民大衆に根をおろした巨大な軍事機構、行政機構を統轄するエリート将校、官僚を中軸にする、テクノクラート・ファシズムであった。この特質は、先に軍部ファシズムを国際的には変性ファシズムとした所以の一半をなす。

満州事変後の軍部は相応の威信を回復していたが、それでも、軍部支配にはナチズムのヒトラー、ファシズムのムッソリーニが備えたカリスマ的支配の要素は皆無であった。日本ファシズムに、ドイツの「総統ヒューラー」、イタリアの「統領ドウーチェ」の如きカリスマ的独裁者は出現しなかった。明治維新以来の近代日本の天皇を至高とする天皇制政治文化の伝統のもとにあって、それに違背する独裁的権力者は存在できなかった。そこで、国体を至上化・神聖化し天皇を絶対化し神格化して、国民を糾合し動員するイデオロギーを作興しなければならなかった。天皇の疑似カリスマ化によってファシズム化を進めファシズム体制を築いたのであった。

近代日本の起点明治維新は、「西力東漸」の外圧に対応する「上からのブルジョア革命」として下からの自由民権運動を封殺しつつ達成された。(71) また、明治末年以来の日本の近現代化の主力を担ってきたのは、軍閥や官僚閥の軍事的・行政的官僚であった。ファシズムもまた、明治国家においてかたちづくられ近現代日本の伝統となった「上から」の変革と軍事的・行政的官僚主導を体現していた。

日本ファシズムは、第一次世界大戦後の米英中心の帝国主義時代の後進帝国主義国における軍事的・行政的官僚主導の「上からの」変革の再現であった。

左右から新生しつつある諸々の「下から」の思想・運動を圧殺したうえで、軍事的・行政的官僚主導の「上からの」変革によって新体制となったテクノクラート・ファシズムとしての日本ファシズムは、下から燃え上がる運動となりえず、上から天降る運動、運動というより動員とならざるをえなかった。

それゆえに、昭和天皇の疑似カリスマ化が必須不可欠なのであった。

明治時代の国政を統御した元勲＝元老集団は「玉を抱いて」支配した。それを統制派・新統制派は基本的に踏襲したが、３０年代後半には国体明徴運動によって天皇機関説は公式に葬り去られ、「一君万民」が国体の本義とされるにいたっていた。軍部ファシズムは、指導部自身は天皇機関説を内密に保持しつつ、天皇を現人神に祀り上げて政治的支配に全面活用する、「密教」と「顕教」の使い分けの形をとった。

現人神として絶対化され神格化された天皇は、国家総力戦に国民を総動員し強固に結集させる精神的、イデオロギー的統合を果たす主柱の役割を担った。実際政治においても、41年12月の御前会議での対米英蘭開戦の決定に代表的なように、天皇は国策の最終決裁者として振舞った。それに加え、後述するように、戦争遂行において統帥大権を有する大元帥としての役割を担った。

そのなかで注目されるのは、東条内閣誕生以降の天皇と東条の密着である。天皇の東条への信任は厚かった。戦後の回想では、「東条は一生懸命仕事をするし、平素云ってゐることも思慮周密で中々良い処があった」(72)。同時に、東条は天皇にたいし誰にもまして忠誠であり、御上の意志を絶対的に尊重し、頻繁に上奏しお許しを得て施政することに努めた。統治を進めるにあたり、カリスマ化された天皇の威光を徹底的に活用して専制を正当化した。

軍略主導、政略追随

次に、政軍関係の面から、国政での政治指導、軍政での戦争指導、軍令での作戦指導の相互関係について、軍部ファシズムの特質を考察する。

満州事変以来、現地軍が独走し、その暴走を陸軍中央が後押しして、内閣は制御できずに追認するという事態が頻出した。その繰り返しをつうじて、出先部隊が「統帥権の独立」をかざして戦術的な作戦指導を軍令として独断専行し、陸軍省はその後を追って戦略的な戦争指導をおこなう、それらに引き摺られて内閣は政略としての政治指導を定めるという関係がパターン化した。軍部ファシズムは軍略主導、政略追随の運動であり体制であった。

これは近代日本史においてさえ異様であった。

明治時代においては、維新の元勲・元老が藩閥内閣＝政府の首相として国政を統導し、日清戦争、日露戦争に際しても、首相、外相、陸海相が元老達にバック・アップされて政治指導とともに戦争指導をおこない、その下で統帥部が作戦指導を担当した。個別には伊藤系と山県系の間で、山県系の内部にあっても、帷幄上奏権の範域に関して軋轢、つばぜりあいがあったとはいえ、政略主導で政戦両略は一致し、政治と軍事、国務と統帥の統一がつらぬかれた。

軍の統帥権は強い独立を保持していたが、その独立は、民党、議会の軍事問題への関与の排除を主眼としていたし、政治指導、戦争指導に服したうえでの作戦指導に関していた。法制上でも、帝国憲法制定と同年に定められた勅令「内閣官制」において、統帥権の範囲は「軍機・軍令」に限られていた。

１５年間に及んだ対中戦争、アジア・太平洋戦争において、政略と軍略、政治指導（国政）と戦争指導（軍政）と作戦指導（軍令）の関係は逆立ちした。帝国憲法体制に政軍二元構造が内在していたとはいえ、いまや統帥権の独立は、議会はもとより内閣からの独立として押し立てられ、統帥部の権力は異常に拡張した。戦術的な作戦指導、戦略的な戦争指導に、政略的な政治指導は引き回された。

日清戦争、日露戦争の大本営とはまったく異なって、アジア・太平洋戦争の大本営には首相さえ参加できなかった。それどころか戦況の情報すら知らされなかった。近衛首相は、それを是正しようと図ったが、どうにもならなかった。

外交とともに軍事についても、戦争指導、作戦指導の責任者の間に対立、抗争があっても、最終的には政治上の最高権力者（集団）が調整にあたって選択をおこない国策を決定するのが本来的な姿であった。だが、陸・海軍大臣、参謀総長・軍令部総長が握っている権限に、政治の最高権力者が容喙できなかった。国全体のあらゆる資源を動員しなければならない国家総力戦が内閣＝政府ではなく軍部によって主導されるのは、いびつであり異様であった。

昭和戦中期の日本は、軍事戦略の成功によって政治戦略の隘路を打開しようとしたのであった。

35年にナチス・ドイツでE・ルーデンドルフ『総力戦』が出版された。この書は、38年に参謀本部付少佐間野俊夫によって『国家総力戦』として邦訳、出版され、世界的趨勢である国家総力戦についての認識を深めて国民を教化するのに役立てられた。

ルーデンドルフの該書は、総力戦を軍と国民の一体化を鍵とする「国民戦争」と性格規定しつつ、戦争理論として古典であるC・v・クラウゼヴィッツ『戦争論』（1832年）を批判し、第一次大戦において政治と戦争に本質的変化があったように「政治と戦争遂行の関係も変化し」「政治は戦争遂行に資するものでなければならない」と、戦争指導への政治の従属を主張した。[73]

『国家総力戦』の日本への影響は限られていたが、日本の国家総力戦の実態は、軍事の政治への優位の核心点においてルーデンドルフの主張と符合していた。

大元帥としての昭和天皇

ここでは、大元帥としての天皇に留目する。

15年戦争期に、政党内閣が終焉し国政での政治指導が崩壊していく一方、軍部は統帥権の独立を「挙国一致」内閣の容喙を許さずに戦争の拡大に突進する最大の武器とした。更には、政略と軍略を統合・調整する政治指導部不在のなかで、軍略主導となり、統帥部が首相も陸・海軍大臣も通さず統帥大権を有する天皇に帷幄上奏して允裁を受ける制度のみが全面作動するようになった。政略と軍略、国務と統帥の分裂の克服は、内閣や大本営政府連絡会議の緊切な重大課題であったが、近衛だけでなく、44年2月首相・陸相に参謀総長を兼任した東条さえそれを達成できなかった。

戦争指導においても、陸軍と海軍の方針はしばしば齟齬した。陸軍と海軍との二元性の具体例として、航空戦力の整備・強化をめぐって航空作戦の位置づけは共有されず海軍機と空軍機は別個に開発された。大本営の作戦指導において、大陸命と大海令の発令は一元化されなかった。大臣・軍政と総長・軍令の間にも対立、不一致が生じた。

かかる事態に、大元帥昭和天皇はもろに向き合わなければならなかった。

帝国憲法（1890年）のもとでの明治・大正・昭和初期の天皇は、「統治権ヲ総攬」（第三条）する国家元首として列挙された数多くの大権を掌握し、内閣その他の輔弼機関に統治を委ねつつ君臨するとともに、「陸海軍ヲ統帥ス」（第十一条）る大元帥としての統帥大権については、一般国務大権と区別されて国務大臣の補弼によらず陸海軍の帷幄機関に輔翼され国軍を統帥する地位を占めていた。

明治天皇、大正天皇とは位相を異にして、昭和天皇は、大元帥の面を特に強く発揮することになった。

アジア・太平洋戦争の大本営において、天皇は最高統帥権者・大元帥として折につけ戦争指導をチェックし積極的に作戦指導について発言した。日清・日露戦争で明治天皇がいっさい軍の指揮に口を挟まず作戦に関与しなかったのとは、対照的であった。

昭和天皇の軍の統帥における位置と役割は、苛烈な戦闘の幾つかの場面で発せられた数多の「御下問」に具示されるごとく[74]、国務におけるそれにもまして大きかった。国務と統帥の不統一、加えて陸軍と海軍の指揮の不一致の状況にあって、大元帥の天皇はいわば過大な役割を果たしたのであった[75]。

戦中期における昭和天皇の位置と役割を明らかにするには、政軍二重構造の観点からの具体的分析を欠かせないだろう。

第３節　丸山理論および山口テーゼの改定

「超国家主義」について

日本ファシズム研究の理論的な深化のために、本稿でおこなった批判、分析、提示に基づいて、これまでの最も有力な所論についてその改定を図る。

まずは、敗戦直後の丸山眞男論文発表以降日本ファシズムの固有の名辞として定説の位置を占めてきた超国家主義をめぐってである。

日本ファシズムを超国家主義と規定することは、第１章で見たように、研究の諸潮流において継承されすっかり定説としての位置を占めている。けれども、その内実に関して再審すべき問題が所在した。

久野収の「超国家主義」論は、国内的な超国家主義と対外的なウルトラ・ナショナリズムとを区別せず、双方を包括して「超国家主義」と表現していた。マルクス主義史学では、安部博純『日本ファシズム研究序説』第三編第一章「超国家主義の概念について」は、端的に「超国家主義（ultranationalism）」（３１０頁）と表記し、「〈超国家主義〉はナショナリズムの一特殊形態」（３２９頁）と位置づけた。

わが国では、「nationalism」は、一義的ではなく、その論脈に応じて国家主義とも民族主義あるいは国民主義とも訳出されて用いられてきた。丸山も原語 ultra-nationalism に着眼し、「超国家主義」を提唱した。しかしながら、後年の丸山は ultra-nationalism 概念の多義性を洞察して、ultra-nationalism を対内的な超国家主義と対外的なウルトラ・ナショナリズムとに分化し、双方のからまりあいとしてファシズムの全体像にアプローチした。

１７世紀にブルジョア革命を達成し自由主義的近代化の道を辿った最先進国イギリスにおいては、国家は特段の重大な役割を果たしてこなかった。そこに国家主義の語は存立しなかった。それとはとは違って、フランス以下の近代的発展の中・後進国においては、国家がとみに大きな役割を果たし、国家主義 étatism の語が使用された。

他面、イギリス革命でのアイルランド征服、フランス革命でのナポレオンのヨーロッパ諸国征服、ドイツ革命での対オーストリア戦争および対フランス戦争の勝利のように、ブルジョア革命は近隣諸国侵攻のナショナリズム nationalism を同伴してきた。

政治的近代化において、先進国のブルジョア革命、リベラリズムは、他国征圧、ナショナリズムと一体的に結びついていた。その歴史的に様々な実態を掌握するには、国家主義 étatism、statism と民族主義あるいは国民主義 nationalism とを区別し、それぞれ固有の対象的現実を示す独立の概念として生かすことが欠かせなかった。国家主義とナショナリズムの区別・関連は、日本など、１９世紀後半から先進列強の外圧下で近現代化の道を後進してきた国の歴史研究に関しては、特段に重要であり不可欠である。

こうした見地から、本書は丸山の論示を摂取して、国内体制において経済・社会・文化などへの極度の国家統制を性向とするファシズムの特質を超国家主義 ultra-statism、世界の再分割による対外領土拡張の強烈な欲求を示すファシズムの特質を示す極端な民族主義あるいは国民主義をウルトラ・ナショナリズム ultra-nationalism として、それぞれに概念化している。

加えて、丸山は「超国家主義」として日本ファシズムを概念的に表現したが、「日本ファシズムの教祖」とする北一輝の革命思想・運動の分析に踏み込まなかった。しかるに、「天皇の国民」の「国民の天皇」への変革を掲げる北が指し示したのは、国家主義の極端化ではなく、反対に国家主義の自由化にほかならなかった。同時に、北は日本ファシズムの源流にあたるものとして、太平洋東岸に「革命的大帝国」を建設するウルトラ・ナショナリズムを創唱した。丸山「超国家主義」論を継受した論者達が北の思想・運動を「超国家主義」と規定するのは、丸山の所論の拡大解釈、誤用とも言いうる。

「超国家主義」論によって30年代後半からの軍部ファシズム、その国内政治面を把握することができる。だが、日本ファシズムの全体像を掴むことはできない。北（派）のファシズムと軍部ファシズムの異同が解明すべき重要な課題として浮上する所以でもある。

日本ファシズムを超国家主義と一面的に総括規定する通説は改められなければならない。

「日本ファシズム運動の時代的区分」の全面的な改編

丸山の「日本ファシズムの時代的区分」は、「運動」としてのファシズムの観点からするものであった。そこには、北や猶存社の民間ファシズムから東条政権の軍部ファシズム体制まで絶え間なく持続して発展展開していたかのようにファシズム運動を誇大化する誤りが這入りこんでいた。

第1章第4節において紹介した丸山の時代区分を、日本ファシズムの思想・運動・体制の総体的構造を対象にして改編する。

第一次大戦から満州事変にいたる第一段階の「準備期」を、次のように位置づけ直す。

①民間における急進主義的ファシズム思想・運動の生成、発展期。

満州事変から2・26事件までの第二段階の「成熟期」、および2・26事件以降の第三段階「日本ファシズムの完成時代」を、以下のように解体的に再編する。

②満州事変から天皇機関説排撃・国体明徴運動と2・26事件にいたるまでを、右翼急進主義運動の高揚・消滅、軍部ファシズム生成の条件整備の時期。

③国家総動員法制定や「東亜新秩序」提唱などの時期を、軍部の上からのファシズムの開始・進行期。

④日独伊三国同盟締結、大政翼賛会の発足などによる「政治新体制」への転移の時期を、ファシズム体制形成期。

軍部の疑似革新と天皇・宮中グループの国権主義的反動の提携

続いて、山口定の日本ファシズム体制に関する「権威主義的反動」と「疑似革命」の同盟テーゼを解体的に摂取し、それに代わるテーゼを提出する。

山口の右記同盟論は、ファシズムの体制が成立するには、新興支配勢力と伝統的支配勢力の双方が対立を除去し協調することが不可欠の要件である旨を明確にした功績があった。だが、「疑似革命」と「権威主義的反動」の同盟の定式を日本のファシズム分析にもあてはめて、具体的現実の誤った把握に陥っていた。

日本ファシズム体制への転移の主力を担った陸軍統制派系は合法的漸進的な路線を採り、国家総力戦・総動員に向かって伝来の国家主義的規制を強大化し全面化し、国民を強制的に同質化する超国家主義化に転じた。その現行体制変革は、「革新」を合言葉とする内部からの改革として徐々に進行した。「革新」は、疑似革新として捉え返される。前出の山口「疑似革命論の生成と射程」論文にも、「疑似革新」の表現が見られる。

一方、自由主義、国際協調の立場の政党や天皇・元老・宮中グループなどは、陸軍が推し進める「革新」にたいして「現状維持」に努めて対立し確執してきた。しかし、政党は親軍派が増強し内部分解が進行し、「革新」派の攻勢に押されてあるいは好んで追従しあるいはやむをえず妥協していった。最後に、天皇・宮中グループも近衛内閣、東条内閣を迎えて超国家主義的な「新体制」の建設や米英との戦争に同調した。自由主義、国際協調を断念し国家主義的に退転した。これを国権主義的反動と規定できる。

ファシズム革命運動としてのナチ党と北一輝派の相異に関しては既に言及したところだが、ファシズムの体制化にあたっての伝統的支配層の「反動」化についても、近現代史の発展度が相違する日本とドイツとでは、山口のように「権威主義的反動」として同一扱いはできないだろう。

ドイツでは特にワイマール共和国時代の個人主義、自由民主主義、それに社会主義の国民的な経験があった。「国民社会主義」を標榜して立党したナチスは、国民的な土壌を根元から堀り崩してナチ革命を遂行し、伝統的支配勢力はそれに対応する「権威主義的反動」化によって手を組むにいたった。しかし、日本では個人主義は形成途上、民主主義は胎動していたが低いレヴェルにあり、社会主義はまったく微弱であった。大正時代から続いてきた国家主義対自由主義、民主主義のせめぎあいの最終的な局面で、国家主義勢力は「革新」によって国家主義を更に強大化して超国家主義へ突き進み、自由主義、民主主義勢力は敗退し抗いながらも超国家主義に妥協し協調するにいたった。その「反動」化は国権主義的であった。

ドイツの新興ファシスト党の「疑似革命」と伝統的支配層の「権威主義的反動」にたいして、日本では近衛や新統制派の疑似革新と天皇・宮中グループの国権主義的反動の独自性があった。民衆のレヴェルでも、自由主義、民主主義の経験を欠き自我が未確立の状態にあり、集団主義的同調圧力も加わって、権威への従属はより深く画一的で一段と全体主義的であった。

叙上のように、日本のファシズム体制の成り立ちの基本線を、統制派系陸軍、「革新」官僚の疑似革新と天皇・宮中グループの国権主義的反動の提携として把握する。

第4節　ファシズム体制と権威主義体制

戦時体制説

40年代初めの第三次近衛内閣、東条内閣当時の政治体制をどう捉えるか、ファシズム体制説が圧倒的であるが、他にも、戦時体制で良いとする説、権威主義体制とする説がある。

戦時体制説として、竹山道雄『昭和の精神史』（新潮社、1956年）は「日本のファシズムとよばれているものは、その大きな部分が戦時体制との混同であるように思われる」（130頁）。伊藤隆「昭和政治史研究への一視角」も、満州事変以後の政治の在り方は「『軍部の台頭』『戦時体制』ということで充分に表現できる(76)」。

戦時体制の概念は、平時体制などとともに、戦争の存否の一視点をもってする時代区分用語であって、その時点の国家、政治の総体像がどのようなものであるかに関する諸々の視点からの解明に基づく政治体制概念とは、体制の同じ語を用いていても、存在の意味も次元も異なる。

戦時体制とファシズム、議会制民主主義などの政治体制とは、排他的に択一しなければならないのではなく、両立するし、両立させるべき概念である。

戦時体制で事足りるとしてファシズムをその一つとする政治体制概念を排するのは、マルクス主義史学の教条主義的概念構成による歴史の切り盛りにたいする批判であり実証的研究の徹底を内意するのだとしても、研究方法的立場として裏返しの理論なき実証とも言える偏局を示すものであろう。

権威主義体制説

慎重な吟味を要するのは権威主義体制説である。(77)

ファシズム体制をその一つとする全体主義体制と権威主義体制との相違は、リンスによると、主要に次の諸点にあった。

①政治的一元性↔限定的な多元主義、②唯一の公認イデオロギー↔明確な体制イデオロギーに代わるメンタリティ、③一枚岩主義の一党制↔内部対立し組織的一体性に欠ける唯一政党、④広範で集中的な大衆動員↔低い限定された動員。4点を総攬すると、全体主義体制は国家が（市民）社会を厳格に統制しその自立性を許容しないが、権威主義体制では国家の統制が行き届かず（市民）社会はある程度の自立性をもっている。

これらの特徴に照らして第二次・第三次近衛内閣、東郷内閣時の政治体制を分析すると、その性格規定としてファシズム体制と権威主義体制のどちらが適切であろうか。①は総括的な規定とも見做せるので最後にまわして、順次検討する。

②について、既に３０年代半ば頃までに共産主義・社会主義思想はもとより民主主義、自由主義の思想も弾圧されて衰滅し、国体明徴運動以降、国民精神動員運動によって公定の日本主義的国体論が天皇の神格化と併せて浸透し、国民大衆はこのイデオロギーを信奉した。まさしく唯一の公認イデオロギーが現存した。

③について、凋落と分解の過程を経てきた政党・政派はすべて相次いで解散して大政翼賛会に合流し、４２年の翼賛政治会の発足により単一政党となった。

しかし、日本の特殊性として、政党ではなく軍部が主力となって体制の変容を「上から」推進し実現したのだから、政党（制）の問題としてではなく、軍部を中心にした政治的支配層の問題に置き換えて検討する必要があろう。

その場合、主導した陸軍新統制派、「革新」官僚団、近衛グループ、および国権主義的に反動化して提携した天皇・宮中グループ以外に、近衛内閣において重用された皇道派幹部、平沼棋一郎、自立性向を保持した海軍指導部などが、それぞれなりに固有の存在意義を有した。大政翼賛会議会局に寄り集まった旧政党政治家達もいささかの影響力を有した。政治的支配勢力は幾つかに分れて小競り合いをした。政権を握った近衛、または新統制派の首尾一貫した主導は、一国一党の企図が失敗した如く困難を極め、政治的支配層内の組織的一体性は弱かった。

こうした政治的支配諸層のもたれあいは、②の効果として、政治的底辺における大衆独自の利益要求、思想・運動の噴出が生じないことと相関していた。

④については、国家総力戦体制には国民大衆の総動員が必須不可欠であり、それには大衆の主体性の喚起を要した。国民精神動員運動や国家総動員法の実施、大政翼賛会運動などをつうじ、在郷軍人会、国防婦人会、翼賛壮年団、青年団など半官半民的な諸団体の全国津々浦々の活動に支えられて、総力戦体制へ政府統制下で大衆の大規模な動員がおこなわれた。国民大衆は政治にたいし単に受け身あるいは無気力に終始したのではなかった。特に朝鮮、中国にたいする権益確保、排外的ナショナリズム、戦争勝利で、動員に呼応する大衆の自発的な結集があった。

全体主義化は上からの国家による強制的同質化によって推進され、それを社会の内部での強制的同質化が下支えした。具体的一事例として、古くからの伝統を継いでいる隣組は、大政翼賛会に編みこまれて政府からの司令を行政機関を通じてあらゆる住民に下達し、全体主義の浸透に効力的であった。

最後に①について、政治権力主体、政治的支配層についてては、③で記したように一枚岩ではなかった。しかし、国策の基本路線で近衛政権と新統制派とは同一であるうえに、別の路線で近衛、新統制派に代わり政権を担掌しうる主体は存在しなかった。その点で、支配層は内部的に分化して単一ではなかったが、一元的であったと見做すこともできる。他方、大衆については、イデオロギー的、組織的に支配層によって統合され馴致されて、政治的に自立した勢力たりえなかった。総じて（市民）社会の自立性は極めて乏しかった。

４０年始めの政治体制は、①、③からすると、権威主義体制と把握することもできる。②、④からすると、ファシズム体制と規定できる。そのうえ、①、③についても権威主義的な側面を備える日本ファシズムの固有性を示すものとして位置づけることは可能である。

つまるところ、①～④の全体から判断すると、権威主義体制よりもファシズム体制と規定するのが、相対的であれ当を得ていよう。

以上の吟味は、政治体制の国内面に限られている。他面で、国際政治のなかでの当該政治体制の位置と役割に関する検討を欠かせない。

度々述べてきたように、４０年始めの新政治体制の成立は、ナチス・ドイツの目覚ましい躍進、独伊との三国同盟の締結、勃発したヨーロッパ戦争でのドイツの相次ぐ勝利という激変する国際情勢への対応でもあった。同盟した三国は、第一次大戦への関与は相異なっていたが、いずれも先進帝国主義強国にたいし劣位する後進帝国主義国として、それぞれに国内でも対外関係でも深刻な諸矛盾を抱えてその解決を追求していた。この国際的地位と国内外の課題の共通性を基盤にして、日本は、ナチス・ドイツ、ファシスト・イタリアと結束し枢軸陣営として英・米主軸のヴェルサイユ＝ワシントン体制を打破し、世界新秩序、その一環たる東洋新秩序を打ち建てんとして決起した。国際政治の面において紛れもなく、日本の体制は、権威主義体制の典型と目されるスペインと異なっており、ドイツ、イタリアのそれとの同一的な性質を備えていた。

国際関係をも考慮に入れ、総合的に判断すると、権威主義体制にましてファシズム体制の規定が適切である。

更に二つの点から補足的考察を加える

一つ、第1章第3節で山口定『ファシズム』のファシズム体制と権威主義体制に関する論点を批判的に考察して、次のように説いた。両体制は別個の体制であるが、歴史的現実の具体的な展開の多様性からして、権威主義体制のなかでファシズム的局面もあれば、ファシズム体制のなかで権威主義的局面もある。権威主義体制に親ファシズム性が所在するように、ファシズム体制に親権威主義性が所在する。

大正デモクラシー状況で政党政治の時代を迎えて自由民主主義への発展の途上にあった政治体制が満州事変や5・15事件、更に2・26事件によって転回し、次第に超国家主義化しウルトラ・ナショナリズム化して遂にファシズム体制へ転化する過程で、一時的に権威主義的局面を通過したとする見方は成り立つ。

いま一つ、イタリア・ファシズム、ドイツ・ナチズムと対質すると、日本のファシズム、とりわけその支配体制は果たしてファシズムなのか、疑問視するのが当然なほど相違が目立つ。その差異に注目して、日本ファシズムを準ファシズム――疑似ファシズムではなく――とする規定もありうる。しかし、イタリア・ファシズムとドイツ・ナチズムのあいだでさえも、共通する諸特徴の反面、相違も相当大きい。歴史的伝統に規制され、強烈なナショナリズムを基柱として形成される事由から、ファシズムもそれぞれの国によって明確な個性的特質を備えもたざるをえない。

「赤い2年間」を経たイタリア、11月革命とワイマール民主主義を経験したドイツがともに強力な労働運動、社会主義・共産主義運動の激化により体制的な危機に見舞われ、ファシスト、ナチスはそれに打ち勝つためにナショナリズムやポスト民主主義、ポスト社会主義の巨大な変革エネルギーを必須とした。ファシズムやナチズムの強烈な疑似革命性は、そこに由来したところがあった。

明治維新を上からのブルジョア革命として遂行し、「万世一系」の天皇を押し立て政府優越の強権国家を築いた日本は、対外戦争に相次いで勝利し東アジアの帝国主義強国として躍進する途上にあった。資本主義経済の急速な現代化の反面、国家主義がいわば草の根として根を張り、大正デモクラシーは幼弱であったし、ムラ社会や集団主義の国民的気質も根強かった。対外関係の緊張激化によるナショナリズムの高揚とともに、全体主義＝ファシズムへ転移するにしても道程はさほど遠くなかった。日本のファシズムは、イタリア、ドイツと異なる固有な性格を刻み込まれていた。こうした問題の更なる解明的考察は、今後の課題として残っている。

最後に、アジア・太平洋戦争時のファシズム体制を、明治中期、昭和初年の政治体制と対質してそれらの差異を図示する。

政治・国家体制の変転移動

	明治中期	昭和初年	アジア・太平洋戦争時
正統性原理	国権主義的自由主義	自由民主主義化	全体主義
対抗基軸	藩閥対民党	政党（政友会↔民政党）⇕軍部	
統合主体	元勲・元老	政党指導者	軍部・官僚、天皇・宮中グループ
国家権力中枢	藩閥内閣	政党内閣	大本営・政府連絡会議
議会	内閣との対抗・協調	議会主義化	翼賛議会
政軍関係	政略主導の政戦両略一致	政略への戦略の協調	戦略主導の政戦両略一致
国際関係	欧米列強との不平等	英米との協調	日独伊三国同盟条約
政治体制	政府主義的立憲政	？	ファシズム

＊憲法は同一の大日本帝国憲法

一つの知見である。ただ、批判対象とされているマルクス主義史学の「ファシズム体制」論は、ファシズムが政治体制として確立したのは第二次・第三次近衛内閣、東条内閣の時期としてきた。古川説は、2・26事件に先行した政党内閣政治の時代、特にそれに後続した第二次・第三次近衛内閣及び東条内閣の時代の政治体制とどう区別しているのか、異同を問われよう。

源川真希『総力戦のなかの日本政治』は、40年代初めの政治体制を「『ファシズム動員型権威主義体制』（リンス）に類似したのではないか」（217頁）とする。

いずれの論攷も、権威主義体制について、実証、理論ともに積極的な根拠を示していない、いわば消去法での選択である。国際的な比較考察にも手を着けていない。そうした点で、理論的な説得性に欠け、問題喚起の域を出ていない。註（14）で触れたリンス『全体主義体制と権威主義体制』の「日本の権威主義支配」の記述に依拠しているのであろう。

帥について何らの権限ない総理大臣として、唯一の頼みの綱の陛下」（富田健治『敗戦日本の内側』古今書院、1962年、196頁）であった。

（76）伊藤隆『昭和期の政治』山川出版社、1983年、30頁。

（77）40年代初めの政治体制を権威主義体制と規定する研究は、未だ出現していない。権威主義体制に言及した論文が、散見されるにとどまる。

宮崎隆次「日本政治史における幾つかの概念」『千葉大学法学論集』第5巻第1号、1990年、は、20年代と30年代の日本政治の統一的考察を図って40年体制にも関説し、ファシズム体制説を代表する丸山眞男や山口定の理論的諸難点を批判してこれを退け、権威主義体制説を示唆した。

竹中治堅『戦前日本における民主化の挫折』木鐸社、2002年、は、政党内閣期を「民主化途上体制」と規定してその成立から崩壊への過程を追うことを主題としており、36～45年を「軍部主導の権威主義体制」と主張した。しかし、肝心の36年以降の歴史の具体的分析に取り組んでいない。

古川隆久『昭和戦中期の議会と行政』吉川弘文館、2005年の「第二部」「第4章　二・二六事件前後の内務官僚」は、「五・一五事件による政党内閣の中断後の日本の政治体制」について、「国家レベルにおいては全体主義体制とはいえないことはもはや明らかである」が、「戦時体制という定義も…どのような戦時体制なのかについては議論が熟していない」。「戦中期に強権的な住民支配体制が成立したことを論拠とする『ファシズム（先見的価値判断によって全体主義を再解釈した用語）体制』論者もいまだに少なくない」（244頁）との見地を示した。そのうえで、岡田内閣、広田内閣の時期の政治体制を「リンスの古典的な権威主義義体制の定義に驚くほど合致している」（262頁）とした。

と言及する。その具体的内容の展開が期待される。

(68)「上から」とは、既存支配勢力が主体となり、軍隊による弾圧、対外戦争など国家権力の行使を手段的方法とすること、対するに「下から」とは、反政府・反体制の新興勢力が主体となり、人民大衆を結集しその組織的力を行使する集会、デモ、蜂起、内乱など直接行動を手段的方法とすることを指す。拙著『明治維新の新考察』社会評論社、2006 年、「第六章　歴史のなかの『上からの革命』」。

(69) 安田浩『天皇の政治史』青木書店、1998 年、では、「満州事変前から急進派軍人のあいだでは「昭和天皇に対する非難」が「半ば公然と語られるようになる」、満州事変期に入ると天皇の発言が「陸相や参謀総長、軍司令官」からもらされ、天皇への「非難の材料」となった」などの事相に触れている（209 頁、235-237 頁）。

(70) 永井和『近代日本の軍部と政治』思文閣出版、1993 年、「第一部　軍人と内閣」は、1885 年の発足以来 1945 年の敗戦にいたるまでの歴代内閣における軍人首相、軍人閣僚について詳細に調査研究している。その統計一覧として、96 − 99 頁参照。

(71) 明治維新が「上からのブルジョア革命」であることについて、拙著『明治維新の新考察』、「第九章　上からのブルジョア革命としての明治維新」。

(72) 寺崎英成編著『昭和天皇独白録』文芸春秋、1991 年、89 頁。

(73) E. ルーデンドルフ（伊藤智央訳）『総力戦』原書房、2015 年、15 頁、24 頁。

(74) 半藤一利「天皇と大本営」、三宅正樹編集代表前掲書所収、を参照。

(75) 近衛首相は軍事上の調整、統合ができる存在は唯一天皇のみと、天皇に縋る姿勢だった。木戸の近衛についての証言では、「統

(57) 木戸日記研究会編『木戸幸一関係文書』東京大学出版会、1966年、168頁。

(58) 宮中グループについての研究として、茶谷誠一『昭和戦前期の宮中勢力と政治』吉川弘文館、2009年、同『昭和天皇側近たちの戦争』吉川弘文館、2010年、を参照。

(59) 今井清一・伊藤隆編『現代史資料44』、1974年、425－426頁

(60) 昆野伸幸『近代日本の国体論』ぺりかん社、2008年、第三部の「結論　国体論の帰結」。

(61) 外務省編纂『日本外交年表竝主要文書下』日本国際連合協会、1955年、544頁。

(62) 昭和16年5月6日付の矢部貞治述「政治力の結集強化に関する方策」は、「近衛に確たる立場がないことが『近衛なら』と各陣営に云はしめた所以であった」「熱烈不動の精神…実は之こそ近衛に最も欠けてゐる点」と言述している。『現代史資料44』、486頁。

(63)『木戸幸一日記』下巻、917頁、930頁。

(64) 山田朗『昭和天皇の軍事思想と戦略』校倉書房、2002年、「第三章第一節　開戦決定と天皇のかかわり」を参照。

(65) 外務省編纂前掲書、554頁。

(66) 野村実「太平洋戦争下の『軍部独裁』」、三宅正樹編集代表『第二次大戦と軍部独裁』第一法規、1983年、3－4頁。

(67)「全体主義」としての日本ファシズムへの留目は、これまでの研究には欠けている。そのなかで、歴史学研究会・日本史研究会編『日本史講座第9巻』東京大学出版会、2005年、の増田知子「『立憲制』の帰結とファシズム」、は、「ナチス型を排除しつつ、国家総動員のために個人や団体を同一化することに成功した、全体主義体制こそ、日本型ファシズムの特徴」（188頁）

(49)「東方会全体会議」、『東大陸』1937 年 6 月号、117 頁。

(50) 猪俣敬太郎『中野正剛の生涯』黎明書房、1964 年、410 頁。

(51) 参照、坂野潤治『日本政治「失敗」の研究』光芒社、2001 年、「第五章　戦前日本の「民主化」の最終局面―1936 ～ 37 年」。本書は明治維新以来の平和と民主主義の伝統を掘り起こす観点から、とりわけ社会民主主義に注目し、「戦前日本の社会民主主義勢力が目指したものは、議会政治を通じての現実の社会改良であった」(40 頁) と把握し、右側からの天皇制権力の攻撃、左側からは国際共産主義勢力の非難に挟撃された社会民主主義的変革路線を、近代日本の「「負け組」が築きあげてきたすばらしい伝統」(同) と評価している。戦後歴史学の通説を突破する問題設定に共感するし、知的エリート吉野作造や河合栄治郎などの理論や労農派マルクス主義者の活動の再評価に左袒する。

さりながら、社会民主主義にオルタナティブを求めるのは当を得ているだろうか。拙論では、政治に関して継承すべき戦前日本の伝統を、進展途次で途絶えたのだが、浜口民政党に代表的な自由 (主義的) 民主主義、国際協調主義に見ている。

(52) R・ゾルゲ「日本の軍部」、マリア・コレスニコフ、ミハイル・コレスニコフ (中山一郎訳)『リヒアルト・ゾルゲ』朝日新聞社、1973 年、386 頁。

(53) 吉野作造『二重政府と帷幄上奏』文化生活研究会、1922 年、に附された小論「二重政府より二重日本へ」は、侵略的な「軍閥外交」の「二重外交」により「二重政府」を生んでいる「二重日本」の現状を批判した。

(54) 近衛文麿『清談録』千倉書房、1936 年、231 頁。

(55) 奥村喜和男『変革期日本の政治経済』ささき書房、1940 年、に収録されている。

(56) 白鳥敏夫『国際日本の地位』三笠書房、1938 年。

1964年、766頁。

(37) 神田文人「昭和恐慌期の社会運動」、東京大学社会科学研究所編『ファシズム期の国家と社会1』東京大学出版会、1978年。

(38) 伊藤孝夫『大正デモクラシー期の法と社会』京都大学学術出版会、2000年、「第3章　編制大権をめぐる法と政治」。

(39) 原田『西園寺公と政局　第四巻』、91頁。

(40) 陸軍の総力戦・総動員体制の形成過程の研究として、纐纈厚『総力戦体制研究』三一書房、1981年。基本視座として「戦前における社会体制のファシズム化の契機を、第一次世界大戦で出現した総力戦段階に対応する総力戦体制構築という点に求める」のは当を得ているが、「総力戦体制構築過程の総体を日本ファシズムと称する」(2頁)というのであれば、講座派系マルクス主義史学のファシズム論の踏襲、拡張に落着しよう。

(41)「国家総動員に策應する帝国陸軍の新施設」、澤本孟虎編『国家総動員の意義』青山書院、1925年、264頁。

(42) 御手洗辰雄編『南次郎』南次郎伝記刊行会、1957年、200頁。

(43) 永田鉄山刊行会編『秘録永田鉄山』芙蓉書房、1972年、48－50頁。

(44) 川田稔編・解説『永田鉄山軍事戦略論集』講談社、2017年、128－135頁。

(45) 川田稔『昭和陸軍の軌跡』中公新書、2011年、「第三章　昭和陸軍の構想」参照。

(46)『現代史資料7』、139－144頁。

(47) 昭和研究会『ブロック経済に関する研究』生活社、1939年、42頁。

(48) 政治的軍人としての宇垣の全体としての歩みについて、北岡伸一「宇垣一成の十五年戦争批判」、北岡『官僚制としての日本陸軍』筑摩書房、2012年、所収。

国家主義について、これを国家主義の極端形態だけでなく国家の超越形態としても用いる。

(22) 佐高信編『久野収セレクション』岩波書店、2010年、278頁。

(23) 対照的に、原敬は大戦後の世界においてアメリカが決定的な地位を占めるようになるだろうと見通して、中国をめぐる問題でもアメリカとの関係を重視することを説いた。「将来米国は世界の牛耳を取らんとするに至るべく、支那問題の如き米国との関係に注目し処理する事肝要なり」（『原敬日記』福村書店、1965年、第4巻、287頁）。

(24) 今井清一・高橋政衛編『現代史資料4』、1978年、482頁。

(25) 同上、36頁。

(26) 同上、53頁。

(27) 陸軍省五部長会「満州問題解決方策の大綱」、『現代史資料7』、164頁。

(28) 江口圭一『日本帝国主義史論』青木書店、1975年、「第5章 満州事変と排外主義の形成」。

(29) 参照、丸山眞男「ナショナリズム・軍国主義・ファシズム」、285頁。

(30)『現代史資料4』、174 − 175頁。

(31) この問題に最初に着眼して分析した筒井清忠「二・二六事件の政治力学」、三宅正樹編集代表『軍部支配の開幕』第一法規、1983年、によると、「天皇派」と「改造派」である。

(32) 須崎愼一『二・二六事件』吉川弘文館、2003年、4 − 5頁。

(33) 原田熊雄『西園寺公と政局　第四巻』、岩波書店、1951年、238頁。

(34)『木戸幸一日記』、上巻、473頁。

(35) 原田『西園寺公と政局　第二巻』、1950年、288頁。

(36) 座談会「青年将校運動とは何か」、高橋政衛編『現代史資料5』、

い。他方、権威主義体制に関して、個別的な類型化の作業に努めているものの、日本については関心を注いでいない。僅かに「日本の権威主義支配」（121 頁）と記す。昭和戦中期の日本の位置づけは、全体主義体制ではなく権威主義体制のようである。

（15）野上和裕「権威主義体制とスペイン歴史研究」、首都大学東京法学会『法学会雑誌』第 50 巻 1 号、2009 年。同「ファシズムと権威主義体制」、『法学会雑誌』第 52 巻 2 号、2012 年。

（16）L. シャピーロ（河合秀和訳）『全体主義』（1972 年）福村出版、1977 年、19 － 20 頁。

（17）拙著『マルクス派の革命論・再読』社会評論社、2002 年、「第 5 章　トロツキーのソ連論の意義と限界」、187 － 188 頁。

（18）岡義武による『木戸幸一日記』東京大学出版会、1966 年、の「解題」も、「昭和六年における満州事変の勃発前後から急激に抬頭し発展することになったいわゆる軍ファシズムは、わが国の外交・内政を次第に大きく圧して、遂にはそれをほとんど左右する有様となり…」（上巻、9 頁）と説く。軍部ファシズムを満州事変前後からとする把握は、アカデミズム史学の共通見解と見做される。

（19）橋川文三「昭和超国家主義の諸相」、橋川編『超国家主義現代日本思想体系 31』筑摩書房、1964 年、8 － 9 頁。

（20）加藤周一・久野収編『近代日本思想史講座Ⅳ』筑摩書房、1959 年、153 頁、152 頁。

（21）橋川「昭和超国家主義の諸相」も、久野の北一輝論、「超国家主義」論を基本線で踏襲する。そのうえでの独自な開拓として、カリスマ論や宗教論を導入し、「代表的カリスマ」としての北一輝の「宗教的使命感」と結びついた「『剣の福音』の高唱」「戦争神聖視」に「日本超国家主義の真髄」を看取し、「カリスマ的革命の日本的形態として超国家主義をとらえ〔る〕」。また、超それゆえにまた、日本などのファシズム体制だった国では特に、戦前と戦後の断絶性と連続性が分析課題とならざるをえず、戦中戦後連続を析出した研究成果も既に示されてきた。

次に、1970年代からの新自由主義へと反転した経済・政治システムの新段階を視野に入れていない。「第二次大戦期の総動員体制」によるシステム統合も、古くは17世紀以来の資本主義経済・社会・政治システムの歴史的変転の一つの経過的段階であり、階級分裂が不可視化されたとしても階級社会の変容変貌の一形態なのであった。新自由主義のグローバルな浸透は、階級社会の新たな相貌をあらわにしている。「システム社会への移行」に近代の歴史的終焉を見据えるのは、早計に過ぎよう。

1930年代からの社会システムの編成替えの考察も、資本主義世界システムの過去的にも将来的にももっと長期的なスパンのなかに布置して考察することが必要ではないか。

(10) 堀悌吉「ロンドン会議請訓より回訓までの期間身辺雑録」、小林龍夫・島田俊彦編『現代史資料7』みすず書房、1964年、37頁。

(11) 升味準之輔『日本政党史論5』東京大学出版会、1979年、参照。

(12) 野村実『歴史のなかの日本海軍』原書房、1980年、50頁、43頁。

(13) 伊藤隆他編、真崎甚三郎『真崎甚三郎日記』山川出版社、1981～87年、第2巻、210頁。

(14) J.リンス（高橋進監訳）『全体主義体制と権威主義体制』法律文化社、1995年、141頁。

リンス書は、全体主義体制と権威主義体制のそれぞれについて、諸国での多様な存在形態を類型化している。全体主義体制に関して、「左翼」全体主義としてスターリン時代を頂点とするソ連、「右翼」全体主義としてヒトラー体制のドイツ、それにムッソリーニのイタリアについて論じているが、日本は扱っていな

20世紀現代の歴史における「階級社会からシステム社会への移行」の問題に絞ると、注記のなかで以下のようにまとめられている。「システム社会化により、(A) 階級対立は国家を仲介とする労使交渉の場に移され、社会的に制度化された。… (B) …総力戦時代を経過することにより、国家と市民社会、家族と市民社会の間の境界線は曖昧化し、相互浸透が進行した。国家と市民社会の相互浸透はいわゆる福祉国家をもたらし、家族と市民社会の浸透は私生活の公共化あるいは公共空間の私的空間化をもたらした。(C) …階級対立その他の社会的紛争は歴史的変動をもたらす主要な動因ではなくなり、絶えず社会的にルール化され、制度化されてゆく」(47頁)。

「システム社会化」のこうした指標の構成は、国家独占資本主義、政経混合（体制）などと規定され、様々に論じられてきた現代資本主義のシステム統合についての社会史的側面からの分析的考察として肯定的に評価できる。

しかしながら、現代社会の一面を上記の指標によって特徴づけることができるとしても、それは「階級社会からシステム社会への移行」とは総括できないだろう。「階級社会からシステム社会への移行」説には、大きく二つの難点が所在する。

第一次大戦以降1970年代まで続いた歴史的段階において、国家総力戦、国家総動員、戦争国家化、福祉国家化、管理通貨制など、システム統合の主力となったのは国家であった。この歴史的時代の体制を、国家介入主義的資本主義と特徴的に規定できよう。その主動因の国家の位置や役割が明らかにされずにいる。この段階にあっては、帝国主義的列強国は、ニューディール型とファシズム型として型的に差異したが、いずれも戦争国家と福祉国家の両面性を備えたし、第二次大戦後も、ファシズム型諸国の体制は一変したものの、国家介入主義は変容しながら持続した。

義の「天皇制ファシズム」の政治的独立性の過剰強調論とは正反対に、あくまでも独占資本主義経済を主軸にした独占資本の支配の貫徹、その代弁者としてのファシズム説であった。

(7) ディミトロフ選集編集委員会編『ディミトロフ選集』大月書店、第2巻、96頁。

(8) 拙稿「20世紀社会主義の挑戦と破綻」、『マルクス派の革命論・再読』社会評論社、2002年、203頁。

(9) 1930年代、ファシズムの時代をどう位置づけるかに関連して、注目すべき論攷として山之内靖他編『総力戦と現代化』柏書房、1995年、の山之内靖「方法的序論総力戦とシステム統合」がある。

「国民国家が第二次大戦期の総動員体制によって社会のシステム統合という段階にいたりついた」(3頁)。この視座から、総力戦による社会編成替えの変革作用を強調、ファシズム型とニューディール型の社会の出現を、「総力戦体制によって遂行された編成替えの性格を「階級社会からシステム社会への移行」という観点に立って捉えてみる」(12頁)。「システム社会」とは、「絶えざる危機に直面しながらも、その危機の具体的な発言をゆるやかな水準へと中和し、そのことによって危機管理が可能となった段階の社会」(15 – 16頁) である。

第一次・第二次の世界大戦、世界大恐慌、ファシズムの時代を通過した資本主義経済・社会システムが著しく変型し、危機に直面しながらも危機を緩和し危機管理を可能とするにいたったとの指摘は、的確である。

だが、それを検証するべく、理論史的アプローチを採り、T.パーソンズに依拠し「ヘーゲルからパーソンズへ」(14頁) の社会理論の追跡的考察へ移るのは、論題の拡散であり、適宜な証明法とは思われない。現代の歴史に即した実証こそが肝心要と思われるからである。

として機能することになった」(27 − 28 頁)。

一般にファシズムの特徴の第一は、「超級的な政治形態であるかのようなよそおい」をとって出発し、客観的な結果は「独占的な金融資本の支配の一形態となった」こと(23 − 24 頁)、第二に、「反民主主義的…専制的」で「国粋主義・排外主義を基調とする」(24 頁)ことであり、日本ではイタリア、ドイツと具体的な政治形態はかなり顕著に差異したが、「本質的に共通のもの」(23 頁)があった。

概略以上のような説論は、常識論的なとりまとめであり、独自的な解明に欠けていた。最大の特色をなしているのは、独占的大資本の支配の貫徹の強調であり、経済還元主義的または経済決定論的な思考が強かった。

次に示される日本のファシズム形成の三つの時期(28 − 29 頁)は、丸山眞男が提示した時期区分に倣っており、講座派(系)歴史学研究者も踏襲し広く研究者に受けいれられてきた通説と同様であった。そこに所在するは講座派(系)の研究と共通する過誤については割愛し、三つに時期を通じての政治過程の特徴づけのなかの講座派系との相違点を挙げる。

ファシズムの「中心勢力」を「軍部すなわち軍事官僚」(25 頁)に設定、「天皇制絶対主義のファシズム的機能」論と異なる軍部ファシズム論に属した。天皇については、「国粋主義」は「現存の天皇を神格化」し、「天皇はファシズムの象徴にされた」(24 頁)と、その位置と役割を捉えた。コミンテルン発の教義に縛られない妥当な分析を示すものであった。

結末として、「〔政治の〕著しい変化にもかかわらず、独占的な金融資本の支配という政治に実質は変わらなかったばかりか、むしろ独占的な金融資本が国家権力と一層緊密に結びつくことによって、その支配は強化された」(29 頁)。講座派マルクス主学出版会、1985年、所収の木坂順一郎「『大日本帝国』」の崩壊」も、「15年戦争期に一貫して国家権力の核心を握り、政治の主導権を握っていたのは天皇と宮中グループ」（306頁）と繰り返した。日本ファシズム研究の転換過程における旧套の「天皇制絶対主義のファシズム的機能」論の固執や名残りであろう。

江口圭一『十五年戦争小史』青木書店、1991年、は、20年代からの政党の議会政治確立、財政緊縮と結びあう「対米英協調路線の代表的なにない手は天皇・元老らの宮中グループ」（27頁）と、軍部との基本的対立を押さえる一方で、40年以降のファシズム体制について、「天皇は権力の究極の保持者」で「最高権力は昭和天皇以下の宮中グループと東条以下の軍部とによって相互依存的に分有されていた」「天皇制ファシズム」（223頁）と把握した。

(6) 講座派（系）と異なるマルクス主義の立場をとる労農派（系）の日本のファシズムに関する専門的研究には出会わなかった。労農派（系）の近代日本政治（史）をめぐっての研究は総じて乏しい。旧いけれども、『現代日本資本主義体系Ⅳ』弘文堂、1958年、所収の岡崎三郎「ファシズム」について批評する。

岡崎論文は日本のファシズムについての概説である。日本のファシズムは、イタリアやドイツと違って、「一つの大衆政党という形ではなく、軍事官僚を中心とする官僚機構を中心に形成された」（26頁）。「軍事官僚が先頭に立って、社会の変革を要求」し、「彼らの運動は必然的に国粋主義・排外主義を基調とし、超階級的な装いをとった。さらに国内改革の手段として侵略戦争の口火を切った」（27頁）。「当初は反資本主義的な装いをもっていたが、戦争の進行攻は大資本に依存する以外になく、ファシストが権力を握り、戦争が進展するとともに、国家権力は独占的大資本と結合し、結局ファシストは独占的大資本の代弁者

註

(1) 主要な研究として、須崎慎一『日本ファシズムとその時代』大月書店、1998年、源川真希『総力戦のなかの日本政治』吉川弘文館、2017年、を挙げることができる。

(2) 守屋典郎『天皇制研究』青木書店、1979年、24 − 25頁。

(3) 日本共産党や講座派（系）のマルクス主義国家論にたいする批判の具体的内容に関しては、さしあたり、拙稿「『正統』派国家論研究の現段階」、『現代と展望』第18号、1991年（大藪のホームページ「マルクス主義理論のパラダイム転換を目指して」の「小論文」欄に掲出）、および拙著『明治国家論』社会評論社、2010年、第Ⅱ篇「第1章　天皇制絶対主義論の錯誤―中村政則「近代天皇制国家論」批判―」の参観を願う。

(4) 服部之総『明治維新史』上野書店、1928年、の「上からのブルジョア革命」による「ボナパルチズム」への移行論。上山春平『明治維新の分析視点』講談社、1968年、の「初期ブルジョア国家」としての「日本型ボナパルティズム」論。望田幸男『比較近代史の論理』ミネルヴァ書房、1970年、の「君主主義的立憲体制」論。これらの先行理論の批判的検討として拙著『明治国家論』、第Ⅱ篇「第2章　ボナパルティズム説の欠陥」、第Ⅲ篇「終りに　明治国家は君主主義的立憲政か立憲政府政か」。

(5) 藤原彰『天皇制と軍隊』青木書店、1978年、は、「絶対主義的天皇制」（115頁）「天皇制の絶対主義的性格」（163頁）など、「32年テーゼ」の規定を保持し、それに見合う形で、宮中グループが「国家権力の核心をにぎっていた」（188頁）と論じた。「宮中グループはいわば支配層のエリートの代表者であり、独占資本の政治的利益の代弁者であり、軍部の敷いたコースに便乗して戦争とファシズムを推進した最高の責任者であった」（191頁）。歴史学研究会・日本史研究会編『講座日本史10』東京大

人名索引

著者紹介

大藪龍介（おおやぶ・りゅうすけ）　元福岡教育大学教授
1938年　福岡県三潴郡生まれ。
1961年　九州大学法学部卒業。

単著

『マルクス、エンゲルスの国家論』現代思潮社、1978年。『近代国家の起源と構造』論創社、1983年。『現代の国家論』世界書院、1989年。『国家と民主主義』社会評論社、1992年。『マルクス社会主義像の転換』御茶の水書房、1996年。『マルクス派の革命論・再読』社会評論社、2002年。『明治維新の新考察』社会評論社、2006年。『国家とは何か　議会制民主主義国家本質論綱要』御茶の水書房、2013年。

共編著

『社会主義像の展相』世界書院、1993年。『エンゲルスと現代』御茶の水書房、1995年。『マルクス・カテゴリー事典』青木書店、1998年。『20世紀社会主義の意味を問う』御茶の水書房、1998年。『新左翼運動40年の光と影』新泉社、1999年。『アソシエーション革命へ』社会評論社、2003年。『21世紀のマルクス』新泉社、2019年。

著者ホームページ　マルクス主義理論のパラダイム転換を目指して
http://www5d.biglobe.ne.jp/~oyabu/

日本のファシズム
昭和戦争期の国家体制をめぐって

2020年9月25日　初版第1刷発行

著　者：大藪龍介
装　幀：右澤康之
発行人：松田健二
発行所：株式会社社会評論社
東京都文京区本郷2-3-10
☎03（3814）3861 FAX03（3818）2808
https://www.shahyo.com
組版：株式会社 悠
印刷・製本：株式会社ミツワ